D Hingeregger Monolög

AF191899

Ching i dr Schtube, womer früecher aube diskutiert hei

© 2024 Adi Fröhlich

Herstellung und Verlag: BoD – Books on
Demand, Norderstedt
ISBN: 9783758328527

Mir wei nid grüble, seit dr Bärner.

Mir si nes paar ehemaaligi Freaks u 68er, wo dür di letschte Jarzäänt geng konservativer woorde si, me hets säuber gar nid so gmeerkt, u wo mes de realisiert het, het me sech zeersch gschämt drfür. Ungereinisch isch es de aune klar woorde, das es mit dr Wäut esoo ni cha witergaa. Mir heinis de ab u zue wider uf dr Hingeregg - dasch en Übername, si heisst angersch - troffe, wo mer früecher aube häre si, denn, wo aui uf ds Land use si, id Schtöckli, id Purehüser, dusse im Land. Di Zit isch scho lang verbii, u o d Hingeregg isch hüt nümm, was einisch.

Mir hei eifach wöue rede. Über aues, über d Veränderige, über üs, d Wäut. Es si Monolöög drus worde, ni geng, aber meischtens. Si si uf Bärndütsch ghaute worde. *Back to the roots!* Blibe mer drbii. Isch am eerlechschte.

Ha versuecht, sogenannt lutnaa Bärndütsch z schribe. Derbii simer sicher Fäuer passiert. Ha aber o bewusst gsündiget u Eige- u Ortsnäme lutnaa gschribe, wiu mer soo rede, nid angersch. Ha o ds „ck" mängsich la sii, mängisch dür „kk" oder „k" ersezzt. Äbe wies de tönt. Bi nid geng konsequänt gsi. Sorry für au di Form- u Tippfäuer, wo me i däm Büechli fingt. Dr Läser hätts besser gmacht, wi geng.

Ufgschriben im Herbscht 2023, z Dänemark u ir Schwiz

Zu de Queuene:

Näbe de Schrifte vo Marx u Ängus u gwüssne vom Hegu isch e groosse Teu vor Philosophie i das Büechli igflosse, me cha gar nid säge, waas aues. Es schteckt haut mis Läbe drhinger. Ha geng gläse u gschribe u ddänkt. Em Schluss weis me nüm, wohär me d Sache eigetlech het. Viu verschteit me fautsch, angers besser aus dr Orginauoutoor. Es isch u blibt komplex. Im Büechli wird mängisch uf Näme verwise, wo hinger gwüssne Konzept schtöö, emu soo, win ig se gsee.

Ha o eigeti Büecher erwäänt, ds Buech *Mr. Data und das Braitenberg-Universum*, wo mini eigetlechi Philosophie drinschteit, me chönnt säge, mis geischtige Läbeswärch. Es geit wit über daas use, was mer hie diskutiere, het aber, über ds Probleem vor Dialäktik, mitem z tüe.

Es angers Buech, woni zwar nid erwääne, wo das Büechli aber gwüssermaasse komplettiert, wäär *blow it up! blow it up!* E Collage mit Texte vor auem us de früeche Sibezgerjaare.

D Umschlagszeichnig u d Zeichnig uf dr letschte Site si vo mim Vatter (früechi Sibezgerjaar). D Farbzeichnig (1981) isch vo mir.

„Die Wortführer und die Schriftgelehrten der Bourgeoisie, ihre Tribüne und ihre Presse, kurz die Ideologen der Bourgeoisie und die Bourgeoisie selbst, die Repräsentanten und die Repräsentierten, standen sich entfremdet gegenüber und verstanden sich nicht mehr."

Karl Marx, Der Achtzehnte Brumaire des Louis Bonaparte, 1852

Früecher un ize

Du chennsch di Egg im oberen Ämmitau, mir si mängisch dert gsi, früecher, hei taflet und gschnuret u mängi Fläsche usgsoffe. Wi isch das schöön gsi! Mir si no jung gsi, mit Hoffnig und mit Firlefanz im Gring. Bärner wo Bärn gliebt u ghasset hei, beides zäme. D Wäut isch is z chlii gsi z Bärn, aues het is iigängt u ni passt. Mir hei nis mängisch drüber usglaa. U doch hei mer das Land gliebt, di schtiue Winternächt vorusse, em Sternehimu zue, vor den Aupe im Mondschiin. Das Blau, das Schwarz, das Liecht, d Chräche, fiischter, d Egge, iischchaut, di einsame Hööf zäntume. Denn hets im Winter no viu Schnee ggä, mängisch meterwiis, d Tannewäuder si Märliwäuder gsi, me het müesse loufe zu de Hüsere, u chaut isch es gsi, gfroore, einsam, hesch d Houzwürm ghöre gnage im Täfer im Ghütt.

Mir hei wöue d Wäut erobere, aues vrschaa, d Problem löse. Was isch drus worde?

D Hingeregg. I mues e chlei verzeue vo denn, es packt mi. Was fürne Wäut hei mer vrloore ir Zwüschezit, mini Fründe! Mir isch, aus heige mer aues vrloore, aus heige mer is überläbt, müesste mer tot sii scho lang. Aut simer worde, u irgendwo sinnlos, mir lebe zwar no, aber es bedütet nümm viu.

Woni denn d Beiz spät am Aabe verlaa ha, isch d Claire im Gang gschtange, im Schuss wie geng, e Wucht, si luegt mi a, lächlet. Geisch scho? Fragt si. Ja, i mues no der

11

Bärg ache, es schneit, hare gantwortet. Si blibt schtaa, uf den Arme zwöi Tablett mit Gschiirr, d Claire, die Troumfrou, gross, riif u doch so jung, bhäbig und doch quirlig, ds schwarze Haar uf em Hingerchopf zumene Chnopf bbunge, di chli z ängi Schtirne, nüt Intellektuells, die länglechi Nase, ds dicklippige, wie ufplatzt würkendi Muu, mit däm si bim rede lischplet, als würd si sech bi jedem Wort vo inne säuber küsse, d Summersprosse uf der schneewiisse Hutt, sie schteit da, zum Aabiisse, emu für mii, wartet und luegt mi us irne raabeschwarzen Ouge a u grinset. Wosch iz gaa oder ni? Lischplet si, i grinse zrügg u luegere töif id Lüescher. Ja, i mues, Claire. Ha de am Ziischti frei, meint si, ooni dass i se gfragt hätt, aus hätt i se umenes Rendez-vous bbätte. Si wartet eifach, un i säge, ja, am Ziischti geits mer oo. I chumen em Sächsi, warte de dusse im Chare. De wart uf mi, seit si lieb. Ja, klar, i warte uf di, Claire. Ha se de a Oberaarm griffe u uf d Bagge küsst u sie het gseit, obi nid gsäch, dass sie z tüe heig, i söui ize gaa, dass i sicher dr Waud achechume dür das Schnewätter. U i bi de ggange. Sie het no gluegt u i ha zrügggluegt.

A däm Ziichsti isch es biisschaut gsi u der Chare isch der Hoger uuf grätschet düre Schnee, langsam u müesam. Ha nid gwüsst, ob i ufechume zur Beiz uf dere Hingeregg. Oben isch e Schtrasselampe gschtange, wo dr Voorplatz belüüchtet het, e Funzle ir Schtärnenacht. Im Hingergrund die fiine Aupe ir Nacht u zwüschinne es verschneits, waudigs, hügeligs u einsaams Land, ds obere Ämmitau. D Beiz isch erlüüchtet gsi, het usgsee wie nes grooses Lampiong zmitts im Nüüt. En Usflugsoort, en

Oort für d Pure u d Chnächte us de Chräche zäntume, zum Suufe u Jasse u Örgele. Bi usgschtige uf em Voorplatz, ha ache ggaffet i Chrache hinger em Huus, wo haub unge ires Deheime gstangen isch, bi achegloffe u ha gglüet. Si isch usecho, ine aute Mantu gwicklet, ufem Chopf a Wulemütze. Mir heinis küsst grad eso, ooni Wort, üsi Lippe inenang, hei gschmatzet, heinis ghaa i den Arme, vou Verlange.

Claire, i wott di, hani gseit, u si het gseit, i wott di o, tue nid esoo! Mir si de uf Thun ines Reschtorang u hei ggässe un ennang agluegt und gredt zäme, weiss der Gugger waas. Heieiei, wäri das e Wäut gsi! Wäre mer nume zäme bblibe denn! Di einsame Wintermondnächt, ds lüüchtende Gebirg, di unändlechi Schtiui im Waud. D Musig us der heisse Schtube. U am Aabe nach der Büez, we d Ching schlaafe, e chli Beethoven oder Chicago Blues vom Platteschpiler, der Blick use, dür d Houzfänscherli i d Vergangeheit, wo ewig d Gägewart isch, überhoupt ids Eewige vor Wäut, vom Waud, vo dene Schteeuwise, de Matten im Früesummer, vou vo Glück, vou Gsumm vo de Beieli. Aues daas hätti chönne ha, füre Räschte vo mim Läbe, mit dr Claire. Doch hets nid söue si, i bi z dumm gsi, d Glägeheit am Schopf z packe, ha gmeint, es warti Bessers uf mi, dusse, ir Wäut.

Du weisch, mi Fründ us aute Täg, das aues fautsch isch gsi, wis de usechoo isch. Wärs richtig gsi, denn zuezschlaa? Hätt i deert obe söue Vatter wärde, e Maa, u mi deert verwurzle? Ja, das wärs gsi. Aber i has nid chönne. E Sünd isch es! Was us dr Claire worden isch, weis i nid, hase baud nümme gsee, woni mi abgwändet ha, em

Bessere zue, wieni gmeint ha, denn. Bi ne eitle Sack gsi. Gschiid u doch blöd wine Wurzustock. Hüt wäri Grosvatter, Profässer, emeritiert, scho lang, e grosse Liebhaber vom Ämmitau u vo minere Frou, vom Land. I würdi glücklech schtäärbe chönne. Schtiu zwüsche dene Tanne über dene Täler würd mi Geischt über d Witi vo Europa flüge, über di riisigen Äbene von däm gsägnete Kontinänt, nachem Oschte zue, über die aute, farbige Hüser u die aute Fäuder vo de Pure id Vergangeheit.

I wär versöönt.

Doch iz isch aues angersch. I bi nüüt vo däm worde, ha ke besseri Claire gfunge, bi geng noch suechend, trööle ume ir Wäut u ir Seeu, schribe Büecher, hiufe Mönsche mit Probleem u chamer doch säuber nid häufe, ooni e Claire. D Claire wär se gsii, si hätt mer d Wäut ersezzt, ooni se z vrdränge, hät mer d Wäut gschänkt, ooni se z erfinge, i wäri bbödelet ize.

Wott aber nid jammere! Mir si hie zäme cho, uf der Hingeregg, um is mit dere Zit z beschäftige, mir drüü, du un i u no eine, womer nid gsee, är isch mit is, Jesus oder Gott, vilich o nume e Wichtu, e Geischt, e vrloorni Seeu, won is zuelost u hoffentlech igriift, wemer is verloufe. Säge merim dr Nisse, wie ner z Dänemark heisst.

Scho lang isch hie e ke Claire me ume, d Bedienig isch us Serbie u dr Ukraiine, us Öschtriich u Marokko. Doch frässe mer hie geng noch d Schlachtplatte, wos hie geng ggää het im Herbscht u Früewinter.

Mir hei bschteut, d Tetyana hets der Chuchi witerggää, mir suufe vom Waadtländer Rote und breche ds Broot, wo leider nid früsch isch, nid wi denn. Äs duftet ni, isch wie Gartong im Muu, aber me chas frässe. Hei Hunger nach däm länge Schpaziergang düre Waud u über d Egg.

Auso, um waas geits? Es faut is i de letschte Jaare geng mee uf, wi konservativ mer eigetlech worde si. Was da hüt louft, chöi mer nüm eifach so nachevouzie u scho gar ni guetheisse. Mir meerken ize, das mer Revoluzzer gsi si, früecher, aber o daas isch is chuum so bewusst gsi, wies is hüt bewusst wott wärde.

Eigetlech simer scho denn verraate gsi. Wi dr Kerouac simer *on the road* gsi, innerlech, üsserlech, überhoupt, aues isch in is im Ufbruch gsi. Dr Ufbruch isch es gsi, mir si ufbbroche u ufbroche, Wanderer simer worde, wi dr Hyperion, Tröimer, Romantiker. Vou mit Liäbi zum Läbe i sinere diräktischte Foorm simer gsi. Hei drum aues, wo isch gsi, abgleent, si antikonservativ gsi, antibürgerlech.

Dä Ufbruch isch de seer schnäu vo de Marxischte kassiert worde, scho 68 isch es eietlech gloffe gsi. Mir hei gmeint, hinger üsem Drang stecki d Waarheit vo Marx u Ängus, vom Lenin u vom Mao. Di Ideolooge heigi das, wo mir meine, für üs scho lang vorewägg gnoo u usformuliert. Ds Übu hocki ir kapitalistische Produktion vo Waare, Idee, Machtverhäutnisse, Ungerdrückige. Es het drnaa usgsee, aus heige mer üsi Bible gfunge.

Uf dr angerei Site hets ja dä reauexisschtierend Sozialismus ggää, im Oschtblock, dä hett is nid würklech intressiert, dä heimer o chatzfautsch gfunge. Es hett is düecht, mir si die, wo iz uszie, um dr waari Sozialismus z verwürkleche. Überhoupt hei mer überau aues wöue *verwürkleche*, derwäge hei mer aues Würkleche verwoorfe, aues, wos het ggää, isch für nis fautsch gsi. Mir si wi ds Schenii gsi, wo nie mit sim Ergäbnis zfriden isch, wi dr Maler, wo geng no öppis z korrigiere het, bis sis Wärch voländet isch.

U soo hei mer is vrloore, hei mr der Löffu abggää a die, wo ds Gschäft gmacht hei. U ize merke mer, dass beidi, d Kapitalischte u d Sozialischte, rächts u linggs vo nis düre si un is überhout hei u d Wäut unger siich ufteile, um se uszbütte. Ds eigetleche Aalige, der Ufbruch, isch plötzlech tot, schtinkt zum Himu, isch di unbegrabnigi Liich vo dere Zit.

Di meischte, wo denn linggs gsi si, si gar nid linggs gsii, si hei nume so taa, aus wäre sis. So wi die meischte, wo ne Schuutmätsch gö go luege, gar nid schutte, sie gloube nume, si ghöri derzue, si sige o Schüttler, irgendwo u irgendwie, wiu ne daas e Zueghörikeit verschafft. Di meischte denn hei eifach wöue drzueghööre.

Dr gseuschaftlech Diskurs, vo de Frankfurter beschwore, isch eigetlech nie eine gsi, es isch geng e rein akademische Diskurs blibe. Ds Vouk, mir aui, hei nie miggredt, mir heis eifach *gmacht* u si drbii beobachtet worde, wi d Laborratte vo de Biolooge. Das hei si de dr *Diskurs* gheisse, wo stattfingi, abr es isch ire eiget gsi, ir Familie vo Marx u Ängus, Lenin u Mao - u no chli Castro u Che. Me het behouptet, mir sigi di Ungerdrückte, wo

16

revoutiere, schträng nach der Regle vom dialäktische Materialismus. Mir sigi dr Bewiis.

Dasch Habakuk gsi. D Akademiker hei sech nume säubschtbefridiget, u mir aui si d Wichsvorlaag gsi. Ds Ganze het scho denn öppis Perverses gha. Het nüt mit Marx u Ängus ztüe gha, sondern mit em Gäutigswaan vo dene Herre vor auem z Frankfurt u z Kalifornie. Di hei sech eine acheghout bim beobachte, wi mer revoutiert hei, wi mer usgschtige si. Un es paari von is si de prompt uf das ichegheit u heines wöue mee aus nume rächt mache, hei Bombe bbaschtlet, Exponänten entfüert, sogenannti Charaktermaskene ermoordet, um em Sischteem eis id Frässe z houe. Em Papa zlieb hei si em Papa id Frässe ghoue. Dasch psycholoogisch mee aus nume intressant. Uuh, het daas die gfröit, die Biolooge vor Revolution! D Wäut, vor auem d *Bundesrepublik*, isch vou vo *Mescaleros* gsi denn, wo sech heimlech is geile Füüschtli glachet hei.

O d Musiker hei mitgmacht, aber nid aui, si hei ne bemeerkenswärti Freiheit bhaute, d Freiheit vom Ufbruch, wi dr Bob Dylan. Dasch öppis viu Grundsätzlechers gsi aus di marxistischi Veriinaamig drvoo.

Scho denn isch aune klar gsi, wo würklech innerlech ufbroche gsi si, dass nid nume im Kapitalismus, sondern o im Marxismus e Grundfääuer drinn isch, u das beidi chatzfautsch si. Me hets la loufe, wius haut schteercher gsi isch, ausme säuber isch gsii. Aber me het sech nid la tüüsche.

17

Hütt müesse mer d Kritik, womer scho denn hätte söue voorbringe, nachehole. Ize zeigt sech, das d Ideolooge, wo me hett la mache, geng mee aues zrschtööre, wo u- men isch. Das daas nid üsi Lüt si, es si d Agänte vom Chatzfautsche. Wichtigtuer u Wichser. Un ize zeigt sech, was chatzfautsch isch gsi scho geng.

Bim Zrüggluege si so Dichter wie dr Hamsun z Nor- weege u dr Walter Kauer ir Schwiz äbe doch Propheete gsi. Si hei exemplaarisch beschribe, wi die Zrschtöörigs- maschine funktioniert, dass si uf dr Antinomie vo zwe Mönschetype ufbout, em Schöpfer u em Abholer, wo ewigs sech i de Haare lige un um d Ggunscht vo de Froue oder de Manne kämpfe, wo für daas schtöö, um was es eigtlech geit, d Schönheit, ds Waare, ds Zärtleche, d Hoffnig, d Zuekumft, um d Anerchennig vor mönschle- che Traagik, das mer müesse läbe, um z schtäärbe u mü- esse schtäärbe, um z läbe.

Dasch nid eifach en idealistischi Überhöchig, dasch dr eigetlech Uurgrund. Ds *Ideologische* isch d Überhöchig, isch ds Chatzfautsche. Z Mönschheitsprobleem ligt i dämm, wi dr Abholer u dr Schöpfer enang aaluege, we si sech begägne, wi si mitenang uschöme u rede, ob si en- ang reschpektiere un ergänze. Aues angere isch Firlefanz u dient nume dr Säubschtbefridigung vo Perverse im Geischt. Vo dene wimmlets! Si bevöukere d Unine u d Meedie, hocken i de Parlamänt u schpekuliere ar Böörse. Si si überau u blibe unfruchtbar aber furchtbar wi geng.

Mir müessen is klaarwärde, um was es geit. I üsem Läbe, wo scho fasch ferti isch. Mir si auti Cheibe, kene me gloubt an is, ussert üsi Ching. Drum simer iz hie zäm-echoo uf dr Hingeregg, wäge dene Ching, di einte hei se, di angere ni, hätte se aber chönne haa, we sis nid verchei-bet hätte mit em Eigete.

U de ize di wichtigschti Fraag a mi, wo de hesch: Isch daas aues waar, wo de hie schribsch? Hetts schtatt-gfunge, das aues?

Du bisch iz aber e Löu! Isch däich aues erfunge! Wi z meischte, wo würklech funktioniert. Gäu, chaisch es be-schtätige, bi diir funktioniert o nüüt, wo de nid erfunge hesch.

Dasch ja z Probleem! Drum gits überhoupt so öppis wi Litteratur.

Über d Uffassig

Was hei mer vrloore? Die Frag tribt is ume, wes Nacht wird, üs, die, wo hüt konservativ si, früecher Revoluzzer, vor langer Zit. Mir si Ching vo dere Zit, chenne üse Chatechismus. Us aune Universitäte, Parlamänt u aune Büecher tönts is entgäge, mir sige Geschtrigi, no schlimmer, Ewiggeschtrigi. Me erklärt is für unufklärt, me exkommunziert is us der Gmein vo de Wüssende, me seit, mir sigi dumpf, dumpfbaggig, mir sigi Lugihüng, mir würdi diskriminiere, wo mer üse Fuess häresezze, es wäri a der Zit, üs loszwärde. Hüt wüssi me nämlech, um was es geit, hüt heig mes änggüutig tschegget!

Äuä de schoo! De wei mer mau ggugge!

Der Mönsch isch eitu! D Errungeschafte vo üsere Zit si gross, doch der Geischt isch miggerig. Mir si noni am Änd u ds Wüsse vo üsne Kritiker isch noni, was me seit. Es chönnti si, dass no öppis fäut.

Aber was? Der Rudyard Kipling, dr Änglisch Dichter, het gschribe:

Ship me somewheres east of Suez, where the best is like the worst,

Where there aren't no Ten Commandments an' a man can raise a thirst;

For the temple-bells are callin', an' it's there that I would be --

By the old Moulmein Pagoda, looking lazy at the sea;

On the road to Mandalay,

Where the old Flotilla lay,

With our sick beneath the awnings when we went to Mandalay!

On the road to Mandalay,

Where the flyin'-fishes play,

An' the dawn comes up like thunder outer China 'crost the Bay!

Säg, was füeusch, we die Zile ghörsch? Hüt isch ja scho die Fraag hoch problematisch. Mir chöi bim rede uf nüt Feschts mee boue, nüt isch eifach ggää. Früecher, vor föif Jarzäänte, da hätti doch jede no gseit: Wie wungerbar gschribe, wie guet gseit het das doch dr Kipling!

Jede? Das isch die eerschti Hürde. E jede Bbiudet. Gits de die nümme hüt, die Bbiudete? Natürlech gits se no. Doch isch iri Biudig en angeri aus die, wo mir no gha hei, uf die mer hei chönne boue ir maassgäbende Gseuschaft.

Weli Gseuschaft isch das gsi? Da merke mer, dass es hüt e Drache git, wo sech dür aui Diskussione schlänglet. Früecher, da isch d Sach klar gsi, di maassgäbendi Gseuschaft isch di ghobeni gsi. Das merkt dä Drache hüt aber sofort, un är windet sech i jedem Wort, woni säge. Ghobe! Obe u unge, Hierarchie, Machtverhäutnis, Kapitau u Arbeit, Usbüttig u Entfrömdig, Privileeg u Diskrimination, wi vertrout üs die Begriff hüt doch si! Jedi u jede kennt se hüt. Es isch, aus wäre mer aui düre

Kommunismus ggange! Scho alei das trennt is vo de Früechere. We ds Ghobene maasssgäbend isch, simer inere elitääre, herrschende, beherrschende, diskriminierende Gseuschaft. Die pflegt e Diskurs, wo i jedem Satz ds herrschende Verhäutnis zementiert. Heissts.

Mir merke ni, wie schtaarch mir üs vom Gedicht vom Kipling entfärnt hei, wemer esoo dänke. Hüt dänke mer aui outomatisch eso. Vergässe mer, dass mir esoo dänke o nume föif Minute, chunnt sicher scho eine u macht is druf ufmerksam, dass üsi Reed kei augemeini Güutigkeit chönni beaspruche.

U überhoupt!

East of Suez! Deert faat ds Rüch vor Seensucht, vor Erinnerig, vor Grössi aa. Emu für en änglisch Soudat vo denn. Deert herrsche die Zää Gebott ni. Er darf deert sündige, deert het er Freiheite, woner deheime nid het in Ängland. Es isch der Gsang vomene herrschende Mönsch, ämene Verträter vomene Wäutriich. Sig är no so gring vo Rang, so sig em doch öschtlech vo Suez mee gschtattet, sig iim mee oder weniger aues zur Hang, sige d Mönsche e Schtaffaasche, dörfi är mit dene Sache mache, wonim verbote si, hie, z Ängland.

We was? Wen er nid dür d Gschicht, dür d Macht erhabe wäri. Dür di Tate vo de Vorfaare, dür sini Härkumft, dür ds Land, d Insle, vo dere är chunnt, überchunnt er d Erhabeheit, gniesst er Vorschusslorbeere u bsitzt er Vorrät, grüft er uf öppis zrügg, wo sech düregsetzt het, däm gegenüber me eerfürchtig isch, säubscht deert no,

öschtlech vo Suez. Er säuber het vo au däm nüt er-
schaffe, deheime isch er e Wicht. Deheime isch er ganz
z ungersch, zeigt er Eereerbietig, verneigt sech vor em
Höchere, kennt er si Platz, ganz wie ne Hung.

By the old Moulmein Pagoda, lookin' eastward to the
sea,

There's a Burma girl a-settin', and I know she thinks o'
me;

For the wind is in the palm-trees, and the temple-bells
they say:

"Come you back, you British soldier; come you back to
Mandalay!"

Come you back to Mandalay,

Where the old Flotilla lay:

Can't you 'ear their paddles chunkin' from Rangoon to Man-
dalay?

On the road to Mandalay,

Where the flyin'-fishes play,

An' the dawn comes up like thunder outer China 'crost the Bay!

Der änglisch Soudat het deert im Oschte es Meitli, wo uf
ne wartet, es Schtaffaaschemeitli vor dr Pagoode vo
Moulmein. Alei scho dr Name Moulmein isch e süessi
Seelespiis, d Fisch flüge näbem här, wenn er sech nach
Moulmein ufmacht, u nach Mandalay, tribe vor lutter

23

Seensucht, winer isch, i d Morgeröti luegt er, wo vo China här wiene Donner über d Bucht häärchunnt.

Es het öppis Brutaus, Änggüutigs, isch es Schicksau, das Donnere vo China übere, o die Tribeheit, wo in im drinnen isch, wenn er uf d Pagode zuefaart, umfloge vo de Fische, wo ds Meitli wartet, es lächelnds, fleischlech-honigsüesses Wiibli für dä arm Soudat, dä änglisch, dä, wo nume es Redli im Imperium isch, de Zää Gebott ungerworfe, däm Gott, wo vom Sinai ache sträng ufne luegt, uf dä Wurm vou mit Seensücht.

Dä Maa, wo wott frei si u s doch nid wott, wo wett furtzie i di gränzeloosi Wäut, wo s nie wird mache, wo geng wider heigeit, jedes Mau, änglischi Lieder singt er, er marschiert nach sine Siige, ds bluetige Bajonett ir Sunne, d Patrone woolversorget, wo nem si blibe. Dä Soudat, wo heicheert i näblig Norde, i sini chliine Verhäutnis, i sis Loch, um deert z warte, z funktioniere, d Eer z erbiete dene i de Paläscht, sine Afüerer, dene, wone hei la frei si, öschtlech vo Suez. Was fürne Grössi! Us was fürnere Beliebigkeit erwachse!

Was säge mer hütt zu däm? Ghöre mir no dä Ruef? Gschpüre mir no die Grössi? Du bisch der eerscht, wo mer seit, dasch doch aues Kitsch! Das Riisegebäud vo dere Seensucht, vo dere gläbten Erinnerig, dä Donner us China, am Morge früe in Mandalay, das süesse Meitli vor der Pagoode, dere vo Moulmein, süesse Klang, das aues isch wie nes Gummibang, wo me loslaat, es schnuret zumene Chnöiu zäme u übrig blibt nume Kitsch.

24

Äs isch nid nume Kitsch, äs isch politische, ideologische, gseuschaftleche Kitsch, d Kultur vo de Verfüerte, de Usbüttete, entlarvt aus der Nuggi im Muu vomene Wicht, gfüut mit Opium. Är söu nid ufwache, d Macht u der Terror vor Herrschaft über Mandalay nid gspüre süo är, är söu nid merke, dass är nume ne Freier u das Meitli e Huer isch, wo sech iim heregit, wiu si sech d Errettig us irem Eländ erhofft. Wo söu daa Liebi sii? Wo söu daa Grössi waute?

Da isch nume Herrschaft, Usbüttig, nume Ungerwärfig u Verbländig, äs Morgeroot isch nume nes Morgeroot u mit China het aues nüüt z tüe. Flügendi Fische, was fürne Schtuss, wie sentimentau! Abgesh dervo schtärbe die hüt us, grad wäge dr Herrschaft vom wiisse Maa. Missachtet ds hütige Regime in Burma nid jedes Mönscherächt? Wo ds Mönscherächt mit Füesse träte wird, da chas weder Grössi no Seensucht no Schönheit no überhoupt öppis Innerlichs gää! Seit me.

Oder isch da doch no mee aus nume das?

But that's all shove be'ind me -- long ago an' fur away,

An' there ain't no 'busses runnin' from the Bank to Mandalay;

An' I'm learnin' 'ere in London what the ten-year soldier tells:

"If you've 'eard the East a-callin', you won't never 'eed naught else."

No! you won't 'eed nothin' else

25

But them spicy garlic smells,

An' the sunshine an' the palm-trees an' the tinkly temple-bells;

On the road to Mandalay . . .

Üse Soudat isch doch nid so ganz verbländet, er weis, irgendwo i sim Härz weis er, dass er mues ungerscheide: Daas deert isch nid daas hie! Me cha beides nid unger ei Huet bringe. Me müesst sech feschtlege. Die hie, jedefaus, die begriiffe nüüt:

Tho' I walks with fifty 'ousemaids outer Chelsea to the Strand,

An' they talks a lot o' lovin', but wot do they understand?

Beefy face an' grubby 'and --

Law! wot do they understand?

I've a neater, sweeter maiden in a cleaner, greener land!

On the road to Mandalay . . .

Deert unge, töif im Oschte, unger dr ufgeände Sunne, die, wo wie Tonner us China ds Land mit Liecht düreschüttlet, dert ligt ds Waare, das, woner wett haa, wett sii. Er gloubt, er sigis scho. I sinere Verzwiiflig weiss er: *"If you've 'eard the East a-callin', you won't never 'eed naught else."*

Er müesst geng nume deert häre, aber wie? Da hiuft nume, ds Imperium azrüefe, die grossi Muetter, d Grössi säuber, sie machts müglech dank de Vorfaare, dank dene bluetige Schlachte vor langer Zit:

Ship me somewheres east of Suez, where the best is like the worst,

Where there aren't no Ten Commandments an' a man can raise a thirst;

For the temple-bells are callin', an' it's there that I would be –

Hie zeigt sech üs d Tragödie. Mir müesse nämlech, so gseets us, um is z finge, uf das Imperium setze, wonis dunger bhautet, wonis erdrückt. Ir Hang vo däm Imperium ligt üsi Befreiig „east of Suez" ligt das, wo mi müglech macht, was i wett si. Ooni das Imperium wär i nüüt, würdi mi düre Räge vo Ängland süüche, würdi faads Brot ässe u i müesst ire Frou ds Glück erchenne, wo „beefy faced" u „grubby" isch, wo nüt begriifft, mii scho gar ni! Si würd mini Seensucht, mini Müglechkeite nid bemerke u achemache. Beidi ligen in Mandalay, uf de Schuutere vo dr Riisin Great Britannia, uf emene Berg us grunnigem Bluet, uf Ungedrükkig, Eroberig, Eererbietig u Marschtritt.

Isch es Kitsch, oder isch es e Tragödie? Angersch gfragt, cha der Mönsch ussert Kitsch no öppis angers? We aues nume Kitsch isch, woner cha, denn isch dä Kitsch säuber tragisch, denn isch er ds Schpiegubiud vor mönschliche Tragödie. Us dere uszträte würd bedüte, unmönschlech z werde. Dä Soudat uf das z reduziere, wo Marx u Ängus im hei wöue wiismache, wäri de unmönschlech. Iim d

Revolution aus si eiget Kampf z wiise, ds Umstosse us-grächnet vo dere Grosse Muetter, wone „east of Suez" schickt u wider schicke chönnti jederzit, geng we sis wott, das wär auso de sis Eigetleche? Är müesst gäge sis eigete Fleisch u Bluet aträte, um d Mügelechkeit, kitschig z werde, uszlösche. Doch kitschig z sii, isch sini tragischi Beschtimmig, die, wo us dere Grössi chunnt.

Es isch verhäxt! Marx u Ängus si zwe Metzger i irne blauwiiss gschtreifte Chittle hinger em Trese, won im, em Chund, d Fleischuslaag präsentiere, die wo vo Great Britannia übrigblibt, weme se gschlachtet het.

Möchteter es Filet? Öppis vom Ragout? E Chnoche mit Mark? Für d Suppe? Ganz wi der weit!

Hahaha, lachet mi Fründ. Guet gseit! Du weisch gar ni, wie viu du über dii u dini Claire grad hesch gseit, oonis z wöue!

Momou, weis es, muesch nid meine, du Hüüchler! Sägi nem. Bisch nid besser.

Chumm, nimm no chli vo däm grüene Schpäck uf däm pflaaschtige Surchrutt! Chasch di z totfrässe draa, isch souguet.

Grossbrittannie frässe, meinsch, e Hüüchler bisch! Hesch recht, Tetyana! No e chli Härdöpfu derzue!

Ja, ich kommen, rüeft si i irem komische Dütsch. Si hett sech guet iigläbt hie, git sech Müe, wie ne Iheimischi z würke. Kommen mit Kartoffel, seit si u schteut e Schüssle uf e Tisch. Oh, der Wein isch au scho leer!

Meint si u louft dervoo, nöie z hole. Mir schwige beidi u denke, e gueti Frou, di Tetyana. Wie lang geits äch, bis si kabutt isch? Hie geit si kabutt, dasch klaar, wär nid vo hie isch, merkt ni, dass er em Dräck muess usem Wäg ga. Hie isch viu Dräck i dene Romantiker, das weis e jede, wo sech uskennt. Me weis, wie drmit umgaa, weme von hie isch. Di jungi Frou weiss das ni, si wird entüscht werde, totau, radikau, me gseets voruus.

Tetyana, pas auf! Säg ere, du musst aufpassen, aufpassen, dass nicht kabutt geesch, hie, du weisst! Si lachet nume, weiss schon, meint si, han im Griff! Nei, hesch nid, Tetyana, nüt hesch im Griff, du kennsch die Hüng ni hie. Si luegt u seit nüüt, de lächlet si u geit dervoo. Gib dr e ke Müe, seit mi Fründ, wär weis, vilicht hett sis begriffe. Het si ni, du Aff, weisch es genau!

U was seit der Nisse? Der Nissen isch in Mandalay. East of Suez. Nei, brummlet üse Soudat, verwirrt, mee aus verwirrt, er het zwar Hunger, isch aber nid abgneigt, vo däm Fleisch z choufe, für d Suppe, u wurum nid ä Chnoche mit Mark oder es Ragout, es Filetschtück, eis, wo d Herre choufe? Doch nei, seit er plözzlech, i wotts ganze Viich, i wott d Chue, ds Guschti, i wott ds Läbige! Heit dr vilech no vom Läbige? Nei? Dasch e Metzgerei, klar, u wär hie verby chunnt, isch hungrig, er wott z ässe. U de di Öigli vom Tier, luege die nid so truurig, we si di aluege? Wi chönnt i vo däm Tierli ässe, wen is vormer gsee! Klaar, Herr Marx, Herr Ängus, dir heit Rächt, i mues haut uf d Weid gaa, sozäge „east of Suez", deert häre, wo di Tierli weide, di truurige, deert here, wo ds Läbige no läbig isch. Pardong, dir Herre, dass ig i öie

Lade cho bi! Natürlech isch öies Fleisch beschtens, jedi Chöchi u jede Chooch weis es z schezze. Doch bini e ke Chooch, nume hungrig, wie jede, wo läbt, aber e ke Chooch. Dir gseet, seit der Marx, z Läben isch doch nüüt aus tragisch! Wi mer läbe, wi mer hungere? Z Einte isch ds Angere u doch wider ni. I darf nech e Rat gää, gööt i Kiplings Kolonialwarelade, deert hets wungerbari Sache us färne Ländere. Deert gnüegt alei scho ds Schmöcke, es macht nech glücklech, u z Ässe wird zur Näbesach!

Isch es Kitsch oder ni? Isch dä Kitsch mee aus är säuber? Chame z Tragische änggüutig lööse u hätte mer de schtatt emene Gordische Chnüppu di reinschti Äbemässigkeit? Nid emau Marx u Ängus, d Riter uf dr Schlange i auem drinn, chöi das beantworte, so blöd si si ni, dass sies o nume würde probiere! I witi Färni rücke si d Lösig u sägere Kommunismus. Dä ligt, Heilandtonner, o „east of Suez", *where the best is like the worst, Where there aren't no Ten Commandments an' a man can raise a thirst; For the Communist-bells are callin', an' it's there that I would be* —

Aha, o d Schlange verwiist uf nes Mandalay, isch umgää vo flügende Fische u wird vom plötzleche Morgeroot überrascht wie vomene Donner us heiterem Himu, us China. U deert schteit o nes Wiibli, es treit e Maschinepischtole u ufem Chopf d Schiebermütze, u iz isch üsem Soudat o d Süessi wieder gwüss:

An' they talks a lot o' lovin', but wot do they understand?

Beefy face an' grubby 'and --

Law! wot do they understand?

30

I've a neater, sweeter maiden in a redder, greener land!

On the road to Communay . . .

Bluet fliesst o hie, äs Wäutriich erhäbt si Gring o hie, Seensucht wachst o hie, Kitsch, Herrschaft, Entfrömdig, Diskrimination, Missbruuch u Ungerwärfig. Duu, mi bescht Fründ, wirsch mer säge, da isch doch aber en Ungerschiid! Hie geits um Befreiig u Gliichheit, um d Zuekunft vor Mönschheit u all das! Ja, ja, i kenne die Phraase.

Simer eerlech: Was isch Grössi? Nüüt. Iiverschtange. Es git e keni, me fingt e keni, uf jede Fau nid esoo, wie me e Hagebutte oder ä Flöigepiuz fingt. Im Objektive gits e ke Grössi. Grössi gits nid aus es Ding. Me cha Grössi o aus es Maass definiere, klar, das befriediget üs aber ni. Der Gulliver isch grösser aus d Lilliputaaner, me hets chönne messe, es het e ke Zwiifu gää. E settigi Grössi meine mer ni. Das wär z eifach. Weli Grössi de? D Grössi vo Ängland? Was meine mer drmit? Mir meine, zimlech vaag, ä Teeu vo sire Kultur, ä Teeu vo sim Vouk, ä Teeu vo auem, wo deert isch, aber äbe nie aues. Es laat sech nid la definiere, me chas nume i der Begeischterig erfaare.

Was isch dr Beethoven? Isch er es Klangmuschter, sis Orcheschtrierige, isch es dr Drüklang? Musigwüsseschaftler hei uf daas komplexi Antworte u morn gits vilech ä chünschtlechi Intelligänz, wo wi der Beethoven komponiert.

31

Was isch d Muetter? Isch si e Zäumasse, isch si iri Organ, e beschtimmti Anatomii, e Schtimm, wo me ufzeichne cha?

Hallo Chnübu! Chumm, hock zueche! Mir chätsche grad s Läbe düre! Nimm vor Platte! Hie hesch Wii, suuf!

U der Chnübu hockt ab u lost zue, suuft, isst, me kennt ne, er seit nie nei. E Puur us em Chrache, ke Tubu, gschiid isch er, er lost zue, er lost läng zue, bis är öppis seit. U meischtens öppis Gschiids.

Lö mers offe! Der Mönsch forscht u wird s Grosse, s Ganze geng zerlege u eersch de beschribe wöue, mit em Ziu, s ganz z begriiffe. Er wird dranne geng schitere. Ds Erschtuunleche isch ja, er geit i ds Konzärt, geit zur Muetter, u derbii widerleit er aues, won er seit. „East of Suez"! Öschtlech vo Suez faat sis Läben aa. Hie, uf dere Site gits nume d Fleischuslaag vo Marx u Ängus, de beide Metzger, wo mir aui so unändlech überschezze, wie mer dr Chrischtus überschezzt hei u no vor däm dr Zöiss u dr Wotan. Doch o die hei der Blitz vom Himu gschmätteret, wie in Mandalay d Sunne vo China häär, am Moorge, id Schtiui, dene Soudate i ds Gmüet.

Ja, Chnübu, i weis, du verschteisch es ni, bisch nöi hie am Tisch, los eifach zue u nää säg öppis Gschiids! Mer gschpüres ja, wei mer es Ragout? Nei. Es Filetschtück? Nei! Natürlech wei mer die oo, me mues ja o mau ässe. Aber wöue tüe mer öppis ganz angers. Mir gschpüres nume, wemer begeischteret si. Grössi gits nume, we mer begeischteret si. D Begeischterig isch ds Wüsse, wie me imaginäri Objekt wi Grössi, Chunscht, Liebi, Schönheit, Land, Nation, ds ganze Dasii begriifft. Me cha das nid beschribe, oder me nimmt e beliebigi Komplexität ichouf, ä Gordische Chnüppu. Drum wird di chünschtlichi Intelligänz, wie die se hüt verschtöö, nie ir Laag si, d Grössi, d Schönheit, ds Läbe säuber z erfasse. Si müesst säuber ja zeersch begeischeret si, das heisst, si müesst empfinge chönne. Da dervo isch si Liechtjaar entfärnt, Galaxie, wie me hüt gärn seit, i dere Zit vou mit Übertribige.

Wie meinsch das, Adi?

Wenn i di wott leere Velofaare, gibi dr kes Handbuech, wos drinne schteit, oder?

Es settigs Handbuech gits noni, Adi! Chasch ja no eis schribe!

Aagnoo es gub eis, chönntsch nie leere Velofaare drmit! Nei, i gibe der ds Velo, maches der vor, wie me faart drmit, de muesch es säuber probiere un i luege zue. We de no nie ufemene Velo ghocket bisch, hesch Angscht, chasch der ja nid vorschteue, dass nid sofort uf d Schnure gheisch, wede drufhocksch. Probiers! Wirsch sofort merke, dass di Körper versuecht, ds Gliichgwicht z bhaute, u das daas umso eifacher isch, je mee tuesch faare mit däm Vehiku. Am schlimmschte isch es, wede gar nid faarsch! Dasch doch genau s Gägeteu vo däm, wode gmeint hesch, oder? Was kene cha beschribe, das fingsch esoo sofort use, u es isch meischtens umkeert, aus gmeint hesch. So ischs im Läbe, wode häreluegsch.

33

Was würde aber di Gigle in Brüssu obe mache? Si schriben es riise Manual u verbiete der ds Drufhocke uf ds Velo, bevor du nid das Manual düregackeret hesch. Ersch wede chasch velofaare, darfsch es Velo faare! So däiche die. Si rede vo Sicherheit u es faut ne nüt angersch i aus sogenannts prozeduraaus Wüsse i deklarativs z übertrage, wiu si so blöd si u nid begriiffe, dass me z einte nid ids angere übersezze cha. Wurum? Wiu me der entscheidend Modalschprung muess usegheie us em Läbe, weme das probiert. Drum funktioniert dene iri chünschtlechi Intelligänz ja o ni. Si hei noni gmeerkt, dass es e Modalschprung bruucht. Das heist aber, dass muesch gschpüre, nid erchenne, dass s Gschpüri ke angeri Form vom Erchennen isch, wo me cha transformiere, oder no angersch gseit, me cha dr Körper nid usegheie usem Läbe.

Was kene cha beschribe, gäbs ni, meine viu, modern wie si wei sii. Drum gäbs e ke Nation, e kes Vouk, e ke Grössi, e ke Chunscht, mir chönni üs ja nid ufene Beschribig einige. Es git i däm Sinn e ke Maassschtab, mit däm me chönnt s Vouk mässe. Drum gäbs e kees, säge si. Was me nid cha mässe, gäbs ni. Das heist, was nid für aui nachwiisbar ds Glliichen isch, gäbs ni. De schtig uf ds Velo u lueg, obs ds Velofaare git oder ni! Chasch hundert Jaar velofaare, wirsch nie i der Laag si, das vouschtändig z beschribe, so dass e jedes cha läse u de grad chönnt aawende, oonis de no müesse z leere. Mit sim Körper. Klar, du chasch emene Roboter e Mathematik iprogrammiere, chasch ne mit neuronaale Nezzwärk usschtaffiere, wo leere, dass er am Ändi o cha velofaare. Aber mir chasch das ni. I muess uf ds Velo schtige und de luege. I leere übers Gschpüri, dr Roboter ni, dä leert säuber nüt, da isch e ke Person, e kes ig, wo leert, da si nume Nezzwärch. Dasch nid ds Gliiche. Z säge, mir sigi o nume so es Nezzwärch, bringt nüüt, dasch Säubschtbetrug. Das cha eine nume säge, wener es ig het, e Körper, wener Gschpüri het. De chaner sech vorschteue, är sigi nume nes riise Nezzwärch, cha sech ufschnide u icheluege. Dasch nid s Gliiche.

U so isch es mit dr Grössi, mit dr Güeti, mit dr Liebi, mit dr Chunscht, mit em Vouk, mit dr Nation u au däm. Mit auem, wo würklech zeut. Das, wo würklech zeut, isch imaginär. Da isch e Modalschprung derzwüsche, e Körper, mine! Me chönnt o säge, da bin ig derzwüsche.

Z Mässbare zeut ni, es isch tot. Es isch vom Ragout, isch der Chnoche mit Mark ir Suppe. Z Läbige ischs Imaginäre, wos nume git, wenis erfaare, buechschtäblech, wie nes Velo, u das geit äbe nume, weni begeischteret bi. Begeischerig isch Erfüuig, isch Sinnhaftikeit. D Truurikeit vomene Tier isch mini Truurikeit, d Schönheit vo Mandalay isch mini Schönheit, „east of Suez" meint mini eigeti „Öschtlechkeit", absits vom Banaale, vom Gmässene. Änglands Grössi isch mini Grössi, oder es git se ni. So gseets us!

We du mir seisch, o das sig nume Kitsch, di Grössi, Mandalay, ezetera, wosch mer säge, i säuber sig Kitsch. Darf me das? Wele Tirann hett das Rächt? I welem Orwellschtaat mues me läbe, um das z akzeptiere? Chöi mer üs hinger de Metzger verschtecke, hinger em Marx u äm

Ängus? Isch dene iri Fleischuslaag ds Waare, ds Ggäbene, u aues angere isch Unsinn? Angersch gfragt: Was isch i dere Wäut passiert, das mer hüt so Züüg gloube? Es gloubt hüt ja nid nume der Marxischt a so Züüg, hüt gloubt e jede draa, muesch nume chli umelose! Me verchouft ds Tote für ds Läbige u erklärt ds Läbige zum Kitsch. Was me nid chönni definiere, säge si, das gäbs ni, das sigi gloge, Fake, Betrug u Propaganda vo de Rächte.

Mir hei i de letschte hundert Jaar aui üsi imaginäre Objekt vrloore u me het is verbotte, se dür Begeischterig widerzfinge.

I am sick o' wastin' leather on these gritty pavin'-stones, wettemer singe, aagsichts vo däm fürchterleche Gschick. Mir wette widerfinge di auti Grössi, d Vöuker, d Kulture, d Müetter u d Vättere u d Chunscht, dr Sinn, *For the templebells are callin', an' it's there that I would be -- -- On the road to Mandalay, Where the flyin'-fishes play, An' the dawn comes up like thunder outer China 'crost the Bay!*

Grössi isch gross, we der Mönsch begeischteret isch, doch wird si zum Kitsch, wener zum Mässerli griifft, umse z zerlege. Ds Ragout, ds Filet u d Markchnöche si überhoupt nid eigetlecher aus the road to Mandalay. Si si tot, mir aber, mir wei läbe, nid nume frässe, läbe! Marx u Ängus si nume zwe nätti Herre hinger däm Trese, luschtig azluege i irne blauwüsse Chittle. D Wäut aber, die ligt dert usse. Si isch gross, u me cha se nume ha ir Begeischterig. D Begeischterig fäut is hüt, si fäut der ganze Wäut hüt. Mir luege vom Fridhoof uf ds Ganze, doch ds Ganze wott nid uf e Fridhoof, äs wott empfunge si!

I weis, das gseet nach Gschwätz us, weme d Aktualität aaluegt, das Moorde überau. Doch geits genau dadrum, i auem, es möögget is a: I wott empfunge si!

Kultur, Vouk, Nation, Grössi, o der Sozialismus u der Kommunismus wei empfunge si, nid definiert. Da drin beschtöö si, i minere Begeischterig, ir Seensucht, im Gfüeu. Me chase nid definiere. Se wöue z beschribe, bringt nüüt. Biudig zwingt ds Empfinge vo de imaginäre Dinger vor d Schranke vor Mönschlechkeit. Biudig zerschtört se ni, zerleit se ni, weis es nid öppe besser. Biudig nimmt nid dr Wäg übere Marx u Ängus, über d Frankfurter Schueu u di Kritischi Theorie, über d Wokeness. Dä Wäg nimmt nume ds Mässerli vom Begriff. Was vo dere ideologische Schlachtplatte übrigblibt, isch Komfektion, Waar. Ir Begeischterig schteckt d Grössi, ir Empfingig isch ds Läbe!

For the temple-bells are callin', an' it's there that I would be —

By the old Moulmein Pagoda, looking lazy at the sea

Über die, wo ds Säge hei

Äs isch Früelig worde uf der Hingeregg, u mir hei nis deert wider troffe. Der Schnee isch wägg, uf de Matte si d Blueme choo, i dr Luft hets Liecht gha usem Süüde, ds Land isch erwachet, d Chueli si dusse gschtange, mit de Glogge ume Haus, überau hets bimmelet. I ha gfragt, ob eine weis, was mit der Claire isch, ob eine weis, wo si isch. Doch e kene het öppis gwüsst. Scho lang isch si wägg. Di meischte hei se vergässe. Si isch nume eini vo dene Serviertöchtere gsi, vo dene vile, wo hie scho gschaffet hei.

A däm Tag hets Ämmitauer Lammvorässe uf em Menü gha, u mir heis gnoo. Zeersch e grosse Salat a däre Sosse, wos hüt nüm git, wome nid cha vergässe u nid cha beschribe. Eifach guet isch si gsi, zueverlässig chüschtig, geng glich u riichlech unger u ufem Salat. Wider vom Waadtländer hei mer gsoffe, geng mee, me merkts gar ni, weme so redt u dänkt u isst u useluegt über ds Land bis zu den Aupe, wo no schneewiiss si, deert obe isch no dr Winter, aber unger grüent ds Land, erwache d Hööf, ruusche d Bäch i de Chräche u d Ämme het Hochwasser. Mir si daghocket u hei gschwige, öppen eine het groucht, e Sigare, e Schtumpe. Mir chöme iz is Auter, hei mer ddäicht, üsi Büüch si gwachse, bhäbig simer worde u schwigsamer. Gschpürt hei mers aber geng no, das, was is umtribe het aus Jungi, d Seensucht nachem Schöne, Waare u Läbige. Kene hets gseit, aui heis gschpürt. Me schwigt hie, me redt hie nid drüber, me würd süsch

38

truurig, u em einte oder angere chämti d Trääne, u das ghört sech ni.

Auso Giele, hani gseit, näme mer e witere Hoger! Rede mer über d Demokratie. Geng mee behoupte über se Züüg, wo mer gschpüre, dass es affig isch, dumms Züüg.

Demokratie sig, wie e jede wott wüsse, d Herrschaft vom Vouk. Das isch die wörtlechi Übersetzig. Im auten Athen isch me zimlech naa dranne gsi, däm Aaspruch z gnüege.

Me gloubt o z wüsse, dass die aute Römer e Republik gha heige. Res publica heisst, das, wo me öffentlech verhandlet, das, was nid d Sach vo einzelne oder vo Private darf si.

Adi, fang a! Mir lose.

Guet, es isch wie geng. Der Adi philosophiert, die angere lose zue. Auso guet! Demokratie vereiniget zwöi problematischi Konzept, d Herrschaft u ds Vouk. Was isch d Herrschaft? Was heist ds Vouk? Herrschaft isch eifacher, si bedütet dä, wo ds Gsetz macht, d Schpiuregle u gliichzitig dä, wo ds Gsetz u d Regle uf ds Vouk, uf d Mönsche darf aawände. Vor Demokratie hets nämlech d Tirannei u d Chünigsherrschaft ggää. Dr Chünig oder der Tirann hei d Regle gmacht u o grad aagwändet. Chünig u Tirann setzte sech säuber i, dürne Coup, oder si erbe iri Position. Mäng einc het sini Macht vomene Uuraan abgleitet, eine, wo idealerwis der Spross vomene Gott unere Mönschefrou gsi isch. Schpeeter hei d Chünige iri Macht direkt vo Gott härgleitet, d Tiranne vom Chaos, wo si müesse ordne, im Inträsse vom Vouk, wi si säge. U ir Demokratie? Wohär leitet s Vouk sini Macht ab? Es sezzt sech säuber aus dr Tirann u macht ds Gliiche wie dä. Es vererbt sini Macht a sech säuber u leitet se o gärn vonere höchere Qualität ab, öppe vor Vernumft, vo dr Minerva, vom Apollon oder usere Tugend, wie d Römer.

Wär isch ds Vouk? I der aute Zit isch das aune klar gsi, das het me nid müessen erkläre. Zum Vouk hei die Mönsche ghört, wo amene beschtimmten Ort vo auters här gläbt, garbeitet u kämpft hei, we si zämeghört hei. Si hei fasch aui vo auters här hie gläbt, hei drum o ne gmeinsami Gschicht gha, oder sie hei mee oder weniger aui zäme es bestimmts Land übernoo u si zum Vouk vo däm Land worde. Meischtens hei si die, wo scho deert gläbt hei, übernoo oder umbracht, oder sie hei se furtgjagt. Jede, wo deert gsidlet het, het zum Vouk ghört, aber nume, wen er ufgnoo isch gsi. Um ufgnoo z wärde, het me müesse derzueghöre, dür ne Hürat oder ne Arbeit. Me het den Aasässige jede Tag müesse zeige, dass me zuene ghört u ires Gschäft betribt, nid das vo frömde Völuker, frömde Herrscher oder frömde Götter. Me het müesse die lokaali Schprach rede u zwar ganz genau. Ir Gnauigkeit het ds Gschpüri gläbt, u nume ds Gschpüri het eim la derzueghöre. Me het nid müesse beschribe chönne, sondern gschpüre, u das widerum hei die angere gschpürt. I däm gägesitige Gschpüre u Schpiegle het ds Vouk gläbt. Wär das het chönne mitmache, dä het derzueghört. Aui angere ni.

Es het o chönne si, dass me d Zueghörigkeit vomene Chünig oder Tirann oder sogar vom Vouk säuber het atteschtiert übercho. Das isch aber säute nötig gsi, vor auem nid i de früeche Zite. Derzueghöre isch äänlech gsi wie ufenere Party, wome mittanzet, mitlacht, mitschwaflet, sech mit den angere zäme a di ungschribene Gsezz hett, weme e gmeinsami Schprach redt. Schprach isch nid eifach Schprach, si isch en Usdrucks- und Kommunikationswiis. Wär sech so benimmt wie ds Vouk, wer d Sach vom Vouk so vertritt wie die angere usem Vouk, dä ghört derzue, o ooni Attescht. Wär aber z heftig reagiert oder frömdartig uftritt, d Sach vo angere vertritt, ds Dänke vo angere Vöuker, wer ds Maass nid kennt, dä ghört nid derzue, däm isch me mit Misstroue begägnet. Dä muess sech no bewiise, dass är em Vouk nid schadt, das er hiuft, we men im fougt. Häufe bedütet, dass er cha blibe, was er isch. Gwünne einzelni us em Vouk, aber d Partygseuschaft aus ganzi zerfaut oder änderet derbi d Regle, denn hets Widerstang ggää.

Das aues kennt hüt no jedi u jede us sim Autag. Mir benäme üs geng so, wemer is Ichoufszäntrum faare, wemer es Gaschthus beträte, wemer zämehocke um z rede, wemer e Familie gründe oder Schport mache. Es geit nie umenes formaus Kriterium, wome cha mässe, es geit nie um Definierbarkeit u universeui Ichlagbarkeit vo beschtimmte Formle. Es geit o nie umnes behördlechs Attescht.

Jedi u jede weis ganz genau, wär derzueghört u wär nid. Dasch es Wüsse, wome nid schlüssig cha verteidige, ooni uf witeri settigi Konzept zrüggzgriiffe, wome äbefaus nid cha schlüssig verteidige. Das heist, hie geits um Wüsse, wome genau de cha vorussezze u teile, wemes nid

41

hingerfragt. Nume de funktionierts. Es isch öppis Emp-
fungnis. Me verglicht Empfingige mitenang, nid Säzz us-
nere formale Schprach. Me cha sech das so vorschteue,
dass me zunere Laietheatergruppe ghört, wone Dialekt-
komödie iüebt. Jedi u jede gseet sofort, wenn eine nid
mitschpiut u nid begriift, um was es geit. We de zum Bi-
schpiu der Dorfpolizischt spiusch, merke di angere so-
fort u ganz genau, ob du ne spiusch oder äbe ni. Du
ghörsch denn derzue, we du ooni witeri Erklärig chasch
vorfüere, chasch demonschtriere, wär du bisch, uf der
Büni, ir Schprach u im Geschtus, im Aschpruch, wie
„dä" ufträte mues.

We iz eine chunnt u di fragt, ob de chasch erkläre, uni-
verseu ichlagbar u müglechscht formau usdrückt, was de
da schpiusch, nume de wüssisch, was de machsch, so
zerstört dä, wo fragt, die gmeinsami Ungernämig. Es isch
nid eso, das me de besser wüssti, was du machsch uf der
Büni, nei, es isch umkeert, niemer me weis de no, was er
macht. We auso eine so fragt, bringt er d Sach nid uf e
Punkt, er zerstört se. Du wirsch nämlech nie ir Laag si,
däm Interpellant z erkläre, was er ghööre wott. Du
wirsch dumm daschtaa, wiu du s nid chasch erkläre. Di
ganzi Laietheatergruppe schteit plötzlech da wine
Tschuppele Nare. Der Sophischt füert se am Nasering
dür d Arena. Wenn er nid baud ufhört mit sim Schpiili,
cha me sicher si, das es paari d Gruppe verlöö u schimpf-
fend usem Saal göö, wiu si dä Zirkus nid mitmache. Si
meine aber ni, was dä Sophischt gloubt, dass d Laiethe-
atergruppe e Zirkus sig, sondern es isch e Zirkus drus
worde, wiu niemer us der Gruppe dä Interpellant cha

schtoppe. Die wo d Gruppe verlöö, chöi nid begriiffe, dass öppis so Eifachs und Sinnerfüuts wie ds Schpile vomene Theaterschtück nid cha verteidigt wärde, we eine vo usse chunnt u settig Frage schteut. Wurum geit me uf dä Typ überhoupt ii? Dä weis gar nid, was mir hie mache! Dä söu zeersch mitschpile, de hört er uf, sini dumme Fraage z schteue.

U iz chunnts, Fründe! Genau das macht dä Typ ni, ganz bewusst ni, sis Ziiu isch ds Abschteue vor dere Maschine, wo eifach so louft. Er isch nid cho, um mitzschpile. Er isch cho, um z zeige, dass d Theatergruppe nid weis, was si macht. Derbi ungerschtet er eifach, das Wüsse geng deklarativs Wüsse sig, süsch sigis e kees u o nüt Rationaus. Dä Sophist chunnt id Maschinehaue u fragt d Maschine, ob si sech iim chönni erkläre. Cha sis ni, schteut er se eifach ab u bhouptet, das si nid wüssi, was sie macht, u das sig e Skandau. We däm Löu eine wett erkläre, er mögi doch eifach mau zueleuge, was di Maschine macht, de wird er nume grinse und säge, das gsei är ja, aber das sig nid das, wone intressieri, daderfür sig si ja o bbout worde, vom Inscheniör. Er wöu wüsse, ob d Maschine säuber weis, was sie macht, u we sis nid weis, de heigi si kes Rächt z funktioniere, de sig si nämlech irrationau. Genau das passiert hüt im gröschte Stiiu ir Politik, i gradezue gigantischem Usmaass, täglech u überau. Wär nid formalgedanklech, deklarativ u logisch universeu ichlagbar chönni erkläre, was er macht, was er cha und weis, dä gäuti aus ne Idiot u müessi gschtoppet wärde. I chume de hoffetlech schpeeter uf dä Sachverhaut nomau zrügg.

43

Blibe mer gedanklech bir Laietheatergruppe, löö mer e ke Sophischt vo dusse iche. Blibe mir unger üs! Iz wirds eersch intressant. Schteue mer is vor, üses Schtück sigi d Demokratie u mir sigi ds Vouk. Was bedütet das ize?

Für die, wos gärn zuegschpitzt hei, schteuet nech vor, ds Vouk hocki ir Arena u d Gladiatore, wome vorfüert, das sige d Politiker, wo gägenang aaträte. Doch angersch aus bi den aute Römer geits hie nid drum, d Zueschouer z ungerhaute, es geit drum, dass nach jedem settige Duell über d Zuekunft vo de Zueschouer uf de Räng abgschtimmt wird. Es geit um ires Läbe, um d Party, um das, wo ds Vouk usmacht.

Da gsee mer doch iz gwüssi Gsetzmässigkeite schpile. Äs politischs Thema isch umso umschtrittener, je mee sech zwöi öppe glich schtaarchi Laager usbiude. Z umschtrittenschte ist de das, wo di Laager ds Vouk i zwöi gliich grossi Laager schpaute, füfzg zu füfzg. Genau aber geits nie, es git geng uf der einte Site öppen eine mee oder eine weniger. Weles Laager sech düresezzt, isch em Zuefau überlaa. Komisch, he? Das dänkt me gar ni, aber so isch es! Die einti Häufti wird Fröid ha am Ergäbnis, die angeri ni. Was isch auso hie dr Voukswiue? Het s Vouk wöue, dass sech ds Aalige düresetzt oder ni?

S Vouk het wöue, dass sech di Fraag gar nid schteut. Es het nid wöue drüber abstimme müesse. U we, de söu der Zuefau entscheide. Me cha de zwar säge, dass e chli mee aus füfzg Prozänt vom Vouk ja gseit heige, aber das bedütet grad ni, dass me drüber het wöue abstimme. Hie geits offebar um öppis, wo ds Vouk lieber tanzend hät wöue löse, wi ni däm säge, mit em Gfüeu het wöue entscheide u em Ougeblick, was aber, wemes deklariert, nümme funktioniert. Das bedütet eigetlech, dass aui sogenannt grossen Abschtimmige i dr Demokratie Abschtimmige si, wo ds Vouk lieber nid hätti gha, wos lieber „ustanzet" hätti, im Gschpüri glöst u nid öppe deklariert hätti.

U wie isch das mit Sache, wo grossi Meerheite gäge sech oder grossi für sech hei? Me seit dene Sache, si heige entweder ke Chance oder sige umgekeert „unbeschtritte", o sones Wort. Das si auso Sache, wome nid tanzend, im Gfüeu het wöue löse oder müesse, sondern eifach cha zur Schprach bringe. Es si auso nid würklech wichtigi Aalige.

We me ne Partygseuschaft fragt, ob me nume für zää Minute e Tiger wott ichelaa, isch das öppis, wo fasch jedi u jede nid wott. Die Fraag muess me nid mit däm Tiger tanzend dür ds Gschpüri löse. Me muess di Partygseuschaft scho unger Drooge setze, drmit si das macht. Zum Bischpiu mues me nid drüber abschtimme, ob me d Rundfunkgebüüre söu haubiere, denn das wott sowieso e grossi Meerheit, wenn der Rundfunk eisitig brichtet, u de isch d Gebüür geng z höch.

Bedütet das aber, dass me über das, wo sowieso abgleent oder düregwunke wird, gar nid abschtimme sött? Nei. Es isch das, wos Vouk am klaarschte befürwortet oder ableent. Genau die Abschtimmige drücke der Voukswiue am beschten us. Bi den angere, de sogenannt grosse Theme, wo am Ändi der Zuefau entscheidet, cha me ender nid vom Voukswiue usgaa, ganz entgäge däm, wo mir geng gloube.

Ds Vouk wett am liebschte über die Theme gar nid abschtimme, sondern aues so la sii, wi s isch. Es rafft sech ersch zure Meinig uf, wemes derzue zwingt. Es isch aber weder birne Aanaam no bire Ableenig glücklech drmit. Me cha de nid säge, das sigi demokratischi Entscheide. Es si ender Entscheide zur Fortsezzig oder Etablierig vore beschtimmte Politik, wo die vonere Mingerheit isch, nid vonere Meerheit. Me überchunnt hie zwar e formaali Meerheit, aber ds Aalige säuber isch eis vonere Mingerheit, süsch würd ds Ergäbnis viu dütlecher usfaue, u ds Thema wär drmit auso ender es chliins aus es grosses. Mingerheitepolitik het auso d Tendänz, knappi Meerheite z produziere.

Das bringt mi zumene witere Problem. I frage mi, ob me cha säge, dass es inere settige Partygseuschaft es grundlegends Verhäutnis zwüsche progressive u konservative Elemänt git. Offebar fingt me das aber nid use, weme abschtimme laat! Me fingts numen use, weme nid abstimmt u d Gseuschaft mache laat, se laat la tanze, la gschpüre. De nämlech isch klar, dass jedi settegi Gseuschaft e Meerheit vo Bewaarer vom loufende Schpiu het, u Mingerheite, wo ds Schpiu wei ändere. Me cha das bhoupte, es geit sogenannt analytisch druus hervor, dass ds Schpiu witergeit.

Me cha säge, dass z konservative Element säubscht bi progressive Partygseuschafte geng ir Überzau isch, wiu, es söu witergaa. D Show must go on, cha me säge. Don't change a winning team ! Das zeigt, was Sach isch. Nämer aa, i jedere Gseuschaft, sogar ire revolutionäre, sige acht vo zää Migglider settig Konservativi. Die Übermacht verhingeret, dass e müglechi Veränderig thematisiert wird. The Show goes on, the winnig team continues! Es chunnt nid druf aa, was ds konservative Elemänt grad dänkt. Es isch nume wichtig, dass es es konservativs Dänken isch. Settigs Dänke isch trääg, isch inerrt, seit me, es wott, dass d Sache so witergöö wie bis ize. Mir chöi bhoupte, dass d Partygseuschaft mitere Warschinlechkeit vo öppen achzg Prozänt wott, das witertanzt, witergfüeut wird.

Jedi Gseuschaft isch auso zu öppe achzg Prozänt zu jedem Zitpunkt konservativ druffe. Wott me das ändere, mues mere entweder Drooge verabreiche oder dürne erzwungeni Änderig e grosse Vorteu für öppe achzg Prozänt vor Gseuschaft aabiete. Das widerleit, nume so näbebii, die marxistischi These, dass ds Konservative ds Reaktionären isch. Me müesst enger säge, ds Konservative isch ds Inerrte. Reaktionär isch es nid, es reagiert nid uf ds Progressive. Es isch aber o fautsch, weme seit, das daas, was d Meerheit nid ungerstützt, automatisch ds Progressive sig. Settegi Begriff chöme us der marxistische Dialäktik, womer z nächschte Mau bespräche wärde. Müesst nech no chlei geduude. Grundsätzlech sie di zwänzg Prozänt vo der Partygseuschaft, wo sech e Veränderig wünsche nid öppe progressiv, wiu die angere achzg Prozänt rückschrittlech wäre, wiu, nid jedi Veränderig isch e progressivi. Di zwänzg Prozänt si eifach

47

nume e Mingerheit, es bringt nüüt, se hie scho ideologisch z qualifiziere, mir si no gar nid deert.

Mir müesse no en angeri Fraag beantworte. Gits überhoupt e grundlegendi Ungerscheidig zwüsche de Mitglider vonere settige Partygseuschaft? E politischi darfs nid si, sie muess grundsätzlecher usfaue. Es weiss jedi u jede, wo je Teeu vore Geseuschaft isch gsi, dass sech d Partyteeunämer i eim Punkt grundlegend ungerscheide. Es git settegi wo uf d Party chöme, wius e Party isch, wiu öppis los isch, öppis geit, wiu me cha suufe u frässe, quatsche u sech verluschtiere, u wiu me cha date. Het di Fraktion ires Ding düre, de geit si hei oder tschiut nöimen ab, vilich scho uf der nächschte Party. De gits aber no die angere Teeunämer, die, wo der Party öppis bringe, z Ässe, Getränk, Attraktione, die, wo organisiere, transportiere, d Musig uflege. U das si de nid geng nume die, wo iglade hei! Es si mee aus nume die. Si sorge sech wärend der Party, wies witergeit, was me no chönnt mache. O die si Partygescht.

Jedi u jede vo üs weis geng genau, zu welere Fraktion sie oder är ghört. Die eerschti Fraktion geit dervo us, das d Sache da isch, das es für sii bedütet, a dere Party derbi z si, dass si di Sache abhole wei. Di zwöiti Fraktion geit dervo us, dass d Sache ersch mau müesse bbracht werde, das öpper se mues mache, das me se mues nachelifere, bevor me se cha ga abhole.

Di Fraktion weis, si erläbts jede Tag, dass beides geng parallel mues loufe, dass me nüüt cha ga abhole, wome nid het heregschteut. Die andere stimme däm zue, meine aber, das sig nid ires Bier, das sig z Bier vo de Organisatore. Es müessi eifach loufe, süsch chäme si ni. Si wöue schliesslech nid organisiere, si wöue Party fiire. Geit der Food us, sig das d Sach vo de Organisatore. Wes e ke DJ het, sig das Inkompetänz. Klaar, sii säuber mache o mängisch en eigeti Party, aber de unger angere Bedingige, de mües es sech de würklech loonc! We sechs bi dene um Marxischte handlet, säge si, e settegi Organisation looni sech eersch im Kommunismus, nid vorhär. Si mache sech auso eersch uf d Socke, weme aui Mönsche zwingt, uf d Party z cho, de eersch looni sechs, zu de Organisatore zghöre!

Es git nach mir auso zwe grundlegendi Type ir mönschleche Gseuschaft. Di gits scho geng, si si vorideologisch, es git se überau un uf jedere Schtufe. Sie hei nüt mit progressiv oder konservativ z tüe, sondern mit zwo Arte, mit däm umzgaa, wo da isch. Für die einte isch aues da, wie ir Natur. Me mues es finge, pflücke, schiesse, brate, choche, enteigne, säuber bsitze. Aues gits irgendwo, es wachst irgendwo nache, me muess es nume finge. Me chönni seer guet läbe so. Isch es Gebiet ggläärt, ziet me eifach witers. Isch d Party usglutscht, geit me eifach uf di nächschti.

Der anger Typ weis, dass aues öpperem ghört, d Beeri däm Schtruuch, wo se het fürebracht. Wen er se ablist, dankt er em Schtruuch. D Tier ir Wiudnis ghöre der Wiudnis, d Wärchzüg vom Nachpur ghöre disem. Nimmt me se nem ewägg, schteit me ire Schuud. Dä Typ wird auso Beschwichtigungsrituau entwickle, ä Gägewärt aabiete.

Der eerscht Typ wird säge, wenn er eim sis Bieli klauet het, är sig säuber tschuud, wurum het ers nid besser verteidiget? Der zwöit Typ wird ds Bieli nid eifach chlaue, sondern em öppis aabiete aus Gägewärt. Der eerscht Typ gloubt, dä, woner beschtole het, wärdi geng öppis nöis produziere, es sig haub so schlimm. Wenn er sech nid verteidigi, sig me berächtiget, iim d Sach abznää. Der anger wird säge, dass dä geng nöii Sache produzieri, sig nid säubschtverschtändlech, är emu chönni das nid, u drum sigs richtig, ne z entschädige, wemen im es Bieli abnimmt, u zwar o denn, wenn er sofort es nöis aafertiget.

Der eint seit em angere: Du bisch e Narr! Was vo säuber nachewachst, muesch däich nid entschädige! Der anger seit iim: Aues, woni öpperem wegnime, mues i entschädige, o we dr anger numen e Schtruuch isch! Es isch nid säubschtverständlech, dass es ne git. Der eerscht wird lache: Es git doch überau Schtrüüch mit Beeri!

Wär möcht entscheide, wele vo beide rächt het? Hei nid beidi rächt? Ig säge, wiu beidi rächt hei, gits o beidi! Es git geng nume das, wos z Rächt git.

Wie si di beide Type i üsere demokratische Gseuschaft verteeut? Das isch eifach z beantworte: Fifty-fifty! We dr Produzänt überhang nimmt, werde geng mee Abholer uf der Party uftouche, bis es zweni Produzänte git, de gö die zrügg, wo wei cho hole, wius nüt me z hole git, auso wachse wieder d Produzänte nache.

Mir dörfe feschthaute: I jedere Gseuschaft si achzg Prozänt konservativ igschteut, solang der Lade louft, u si gloube, dass es am beschte wäri, we der Lade eifach witergieng, de bruuchis e ke Igriff id Grundlaag. Gliichzitig si aber öppe d Heufti vo aune Teeunämer Abholer und die angeri Heufti si Produzänte. Di Verhäutnis beschtimme d Demokratie. Me cha ne Abholer u gliichzitig konservativ oder konservativ une Produzänt si. Es isch aznää, dass die meischte Konservative Produzänte si, si wei nämlech ni, dass d Verhäutnis grundlegend kippe. Doch o d Meerheit vo de angere füfzg Prozänt werde Konservativi si, o die meischte Aboler wei ni, dass sech grundlegend öppis änderet.

Iz chöme mir zum Punkt! Wurum änderet de überhoupt öppis? D Antwort lutet: Dür d Produktion! Wurum funktioniert si? Wäge de Abholer. Politisch änderet aber nüüt. Jedi Änderig isch geng zeersch e wirtschaftlechi, u us däm ersch geit s Politische hervor u zwar scho lang, bevors Marx u Ängus ggää het. Aber haut! Me cha o Idee produziere, wo sech lö la abhole, konservativi u progressivi. Es git o ne Ökonomii vo de Idee une Wirtschaft vom Ideelle. Hie, genau hie isch z Ifaustoor für e Sophismus u für d Ideologie. Doch da dervo schpeeter.

Bis hie simer geng vonere müglechscht diräkte Demokratie usgange. Üsi Partygseuschaft isch geng gfragt worde u het geng abgschtimmt. Drus isch öppis entschtange, wo nach dene Gesetzmässigkeite funktioniert. Es isch e grundlegend konservativi Entwicklig, denn d Party geit witer, ds Team blibt ds gliiche. Aues het sech wirtschaftlech grächnet, wiu sech geng wider es füfzg zu füfzg Verhäutnis ergää het zwüsche de Abholer u de Produzänte, dür d Erzieig, d Usbiudig, d Beloonig, Zuewanderig, d Abwanderig, ezetera.

Iz müesse mer aber Abschied nää vor Idee vor diräkte Demokratie. Es git se hüt nume no ir Schwiz. Was nennt sech süsch aber no Demokratie? Luege mer uf di sogenannti repräsentativi Demokratie, wo ds Vouk periodisch sini Vertreter wäut, wo denn aues unger sich usmache, ooni ds Vouk nomau z frage. Mir müesse auso wüsse, was hie repräsentiere bedütet.

Wär repräsentiert ds Vouk? Di politische Parteie, das si Körperschafte, wones beschtimmts Programm hei. Das hei si ufgschribe, drmits e jedi u e jede chöi läse. E Partei isch sozäge e Ungerparty uf der grosse Party. Doch chunnts iz zumene wichtige Bruch: Es isch nämlech nid esoo, dass jedi Ungerparty nach genau de gliiche Verhäutis strukturiert isch wi di grossi vor diräkte Demokratie.

D Ungerpartys tüe nämlech genau daas usschliesse! Si säge: Mir wie bi üs vor auem konservativi Abholer versammle, mir wie vor auem progressivi Produzänte bis üs gsee, ezetera. Si wääle us u grüffe drmit arbiträr ids grosse Gschee i. Si gloube, das iri Uswau di grundlegendi Vorselektion sig, wo der grosse Party der gröscht Fortschritt bescheeri, würdi me se, di Vorselektion, a d Hebu vor Macht sezze. Mir gsee hie, dass das e Verlezzig vom Voukswiue bedütet, me chouft se drmit i. E repräsentativi Demokratie isch auso grundlegend undemokratisch, noni tirannisch, aber uf em Wäg deert häre. Weme ne repräsentativi Demokratie schafft, isch me uf dr Strass id

Tirannis. Me chunnt aber nid seer wit drmit, darum fauts de Lüt nid uf.

D Parteiebiudig wird derzue füere, dass sech d Abholer geng mee i beschtimmte Parteie versammle u d Produzänte i angere. U das ungachtet, ob si konservativ oder progressiv igschteut si. Ds Merkmau isch grundsätzlecher, aus ob öpper en Abholer oder e Produzänt isch. D Ungerscheidig nach Konservative u Progressive isch eersch nächär dranne u passt sech dr Parteielandschaft aa. Jedi repräsentativi Demokratie wird auso nüm d Politik vom Vouk betribe, sondern wird e nach de Grundmerkmau sortierti Meinigslandschaft beachere, über die me nümm cha ga abschtimme, isch sie eersch mau etabliert.

Ize chunnts formale Meerheitsprinzip vor Demokratie zum Zug. Ir repräsentative Demokratie regiert die Site, wo mee aus füfzg Prozänt vo de Stimme uf sech cha vereinige. Ir direkte Demokratie regiert geng die gröschtmüglechi Meerheit vo aune Schtimme, u das si wit über füfzg Prozänt. Ir repräsentative Demokratie regiert „d Meerheit". Das bedütet jedi Konschtellation, wo zäme über füfzg Prozänt chunnt. Dasch öppis angersch. So nämlech cha e Koalition vo Mingerheite zäme mit eine vo de grosse Parteie regiere, ooni ds Gsamtvouk no z fraage. Das heisst, es setzt sech es Programm düre, wo meischtens höchstens driissg Prozänt vom Vouk chönnten ungerschribe, zäme mit Chliiprogrämmli, wo nid meerheitsfäig wäre.

Dr Kompromiss, wo me mues iigaa, isch kene me im Gsamtvouk, ussert bire grosse Koalition, sondern eine uf der einte Site vo dene grundlegende füfzg Prozänt vom Vouk. Die repräsentativi Demokratie wäut auso demokratisch - ussert im Fau von ere grosse Koalition – ä nid demokratischi Kompromisspolitik vo der einte Siten im Vouk. Nid demokratisch drum, wiu si die Gsamtverhäutnis im Vouk missachtet, grundsätzlech. Me wäut e Teeutirannis, u me korrigiert dr Schade de schpeeter mit enere Gäge-Teeutirannis. Demokratisch isch das ganze nume bir Waau vor Teeutirannis, me wäut auso demokratisch sozägen e Niddemokratie uf Zit.

A däre Schteu chunnt e witeri Konstante vor Demokratie i ds Schpiu. Dr Mingerheiteschutz. D Demokratie nimmt für sech i Aaspruch, dr Gsamtwiue vom Vouk müglechscht genau umzsezze. Dert iche ghöre o d Mingerheite. Weme ize seit, im Fau vore Meerheit us Mingerheite – ussert ire grosse Koalition – sigi der Mingerheiteschutz ganz bsungers würksam, schiint me das Grundposchtulat z übernää. Doch meint Demokratie äbe grad ni, dass d Mingerheite über d Meerheit regiert. Doch es verlezzt scho ds Repräsentative ds Demokratische, u soo cha di Position ignoo wärde, laat sech demokratisch la verträte, isch aber undemokratisch.

Iz hei mer auso e Demokratie vor üs, wo, we d Regierig us lutter Mingerheite beschteit, weder dr Voukswiue kennt, no berücksichtiget, würd si ne kenne. Das chönnti si aber nume, we si zur diräkte Demokratie würd. Sie cha o nid der Umstang berücksichtige, dass d Meerheit geng zu achzg Prozänt konservativ dänkt, sogar bi de

54

Progressive. Sie setzt uf Teeuprogrämmli vo chliine Mingerheite, wo sie aber zwangsläufig ideologisch u nid demokratisch begründet.

Si verhautet sech tirannisch gäge ds eigete Vouk, isch aber ke Tirannis. Si gliicht ere Partygseuschaft, wo nem Animationsprogramm vore Gruppe vo Stimmigsmacher fougt, ooni das si das würklech wott, si weiss aber o ni, was si wott, wiu si das nume de chönnt erfaare, we d Animation ufhört. Si isch ire Hängeposition gfange, laat sech eisitig ungerhaute, was sie einersits gniesst, angerersits aber gschpürt si, das si nüm sich säuber cha si, sich säuber cha formiere, dass me sech uf dere Party de angere gägenüber nümme so cha benää, wi me eigetlech möcht. Das aues het öppis Erzwungnigs, was nume so läng spassig isch, aus es ungerhautet, nid längwilet u nüüt zersetzt.

Vori hei mer über d Sophischte gredt, wo d Laietheatergruppe schpränge. Dä Vorgang wiederhout sech iz ir repräsentative Demokratie, we d Animation zersetzend wird u d Masse vo dr Gseuschaft vore Chopf stoosst. Auso geng, wen e Klugscheisser uftritt, wo d Lüt erzie wott. Denn wird sech e Teeu vor Partygseuschaft dervoomache, weniger us Protescht gäge d Erzieigsversüech, aus us emene Unverschtändnis use, wurum mes laat la passiere, dass sech aues zersetzt.

Si emau zää bis zwänzg Prozänt ewägg, wird, we d Zersetzig witergeit, o uf dr Party Widerstang gäge d Animation ufchoo, me wott ja ds Ganze nid eifach em Gägner überlaa. Ize chunnt das i ds Schpiu, wome Faschismus nennt. Iz träte Lüt uf e Plan, wo säge, dass das, was d Animateure hie mache, sigi weder dr Sinn u dr Zwäck vor gwäute Regierig, no sigis demokratisch u scho gar nid repräsentieris dr Wiue vom Vouk.

Es sigi e Perversion vor Demokratie, was sich da abschpili, di müessi me ize schtoppe. Sobaud das eine gseit het, träte die eigetleche Draatziier hinger de Animateure uf u chlage gäge di Proteschtler, es sigi Faschischte. Sie löö iri Maske faue u operiere offe sophistisch, mache genau das, was dä Sophischt mit dr Laietheatergruppe gmacht het. Sie demontiere dr Protescht u löö ne la idiotisch usgsee. Das bringt aber z Fass änggüutig zum Überloufe. Die Aaklagte merke iz, dass si di Sophischte müesse schtoppe oder d Demokratie geit z Änd. Doch geit si o z Änd dür di Usschautig! Auerdings ungerstüzzt dür ne Meerheit vor Partygseuschaft. Faat d Demokratie de nid sofort nöi aa, mitere diräkte Demokratie nämlech, kippt aues ine Tirannis, dises Mau ine settegi vo dene, wo d Tirannis hei weue verhingere. U iz rüefe d Sophischte: Quod erat demonstrandum! Es si Faschischte!

Mini Fraag isch: Cha me auso d Demokratie überhoupt rette? Nei. Sie füert sech säuber ad absurdum, me mues nume lang gnue warte use müglechscht repräsentativ u nid öppe aus ne diräkti usgschtaute. Entweder sezzt d Demokratie ds Mingerheiteprogramm vo de Animateure um u geit uf däm Wäg kabutt, oder si ändet inere faschistische Machtübernaam u hört däwäg uf.

Äs gseet auso nid guet us. Hüt gits aber aschiinend no en angere Wäg, wi me d Demokratie doch no cha rette. Me

56

muess nume ds Vouk verändere, me muess d Partygseuschaft säuber ändere. Drmit die sech wandlet, solang si no tanzt. De cha me d Animation dürezie. Me muess derfür sorge, dass sech d Zämesezzig vor Partygseuschaft dr Animation geng aapasst. Me faat a mitere Schueplattlerparty u hört inere arabische Hochzitsgseuschaft uf, ooni dr Tanz o numen einisch ungerbroche z ha. Weme d Partygseuschaft loufend dr Animation aapasst, cha me di faschistischi Gägeweer ungerloufe.

Isch es aber der Sinn vonere Demokratie, dass me se rettet, indäm me ds Vouk neu zämesetzt? Dasch öppis ganz nöis ir Wäutgschicht.

Offebar isch nume di diräkti Demokratie überhoupt e Demokratie, die repräsentativi isch es ni, ussert me leit fescht, dass geng nume i grosse Koalitione regiert wärdi. Mir leere drus o, dass me d Sophischte geng mues us dr Demokratie usegheie. Ooni sii geits, mit ne geits ni. Dasch aber schwäär, wiu d Sophischte i de Meedie hocke u a de Unine u i de Schtiftige u de NGO.

Das füert is zrügg zu däm, won i im Winter hie gseit ha, dass ds Imaginäre ds Zentralen isch, dass mers aber nid diskursiv cha erfasse, sondern nume gfüeushaft u empfunge, das nid di rationaali Isicht der Massstab isch, sondern d Empatie, di wortlosi, stiui, schwigendi, begriiffendi Überistimmig, das öppis esoo isch u nid angers, das mer se nid genauer trifft, weme versuecht, se uszschpräche.

Das isch die berüemti Irrationalität vom Konservative, sini berüchtigti Dumpfbackigkeit, sis intellektueue Ungnüege, dass er funktoniert wiene Tänzer, wie ne Laiedarschteuer uf der Büni, dass er nume i sim Elemänt isch, we mitgschwunge wird. Drum het sech ds hässleche Biud vom schunkelnde Konservative chönne etabliere, wone disqualifiziert. Es het chönne z fautsche Biud ufcho, dass di marxistischi Intelligänz über e Konservativismus erhabe sig.

Iz gits aber no e Schtufe mee i däm Schpiu. D Wokeness oder der nöisch Neomarxismus. Was mache die? Was verchoufe nis die aus Demokratie? Nid d Herrschaft vom Vouk, sondern d Herrschaft vom Mönsch. Mönsch so verschtange, dass er geng dr Einzu isch, der Aaklagt, dä wo vor Gricht schteit. Ds Vouk bestäängi, so ungerschteue die üs, usere Mängi vo Säubschtdarschteuer i eigener Sach, usere Truppe vo Standup-Komiker, wo zäme es Programm bestrite vo einzelne Uftritte, eine nach em angere oder paralleu näbenang. Gmeinsam isch aune nume, dass jede für sich isch u aui das o esoo gsee. Das gmeinsame Schtück, wo die zäme uffüere isch di individueui Show vo jedem einzelne wie uf enere Mäss, wo jede sis Produkt vorschteut, Stang näbe Stang, wo dr Bsuecher düregeit u gguggt, ohne öppis intressieri. Was die Einzudarschteuer verbingt isch nume, dass sie enang aus Mässeteeunämer reschpektiere, aber jeden isch dr Konkurränt vo jedem angere. Gmeinsam isch nume ds Inträsse, Chunden az zie. Doch wär si de di Chunde? Gits imene settige Vouk no Chunde, wo nid o so Einzudarschteuer si? Das isch die grossi Fraag. Gits no settegi, wo vo usse chöme u würklech Chunde si? Oder isch nid jede, wo i d Haue chunnt, automatisch o ne Einzudarschteuer a sim eigete Mässeschtang? Ja, eigetlech isch das so. Es git gar e ke Chund me! Das nöie Vouk verchouft sech a sech säuber, aber niemer chouft der anger. Aui wei nume kouft werde, aber nid säuber choufe. Wi säge mer däm? E Herde vo Narzisschte, genau, wo sech wie d Schpiufigure uf em Täuer dräie zur Dosemusig. Jedi u jede isch e Preziose, e Chünstleri, isch unaataschtbar, isch e Majeschtäät. S isch es Vouk vo Majeschtääte, wo aber nie zfride si, wiu kene wott se choufe, wiu aui sech wei verchoufe.

Was üs auso die Sophischte wei aus Vouk verchoufe isch s Gägeteu vomene Vouk, es isch ä Zoo vou mit Einzuchäfige. Wesi bhoupte, Demokratie sigi d Herrschaft nid vom Vouk, sondern vom Mönsch, de meine si genau daas, si meine d *Homokratie*.

Kene merkts! Aui gheie druf iche. Wiu men is verbotte het, was me nid cha deklariere, nid cha mässe, z verträte. Mir chöi ds Vouk nüm verträte, wiu mirs nid chöi erkläre. Erkläre cha me nume no der Einzumönsch i sim Schpiegukabinett. Us der Demokratie isch auso unger dr Hang d Homokratie worde, nennt sech aber geng no Demokratie. Wurum? Wius e Bschiss isch u eine söu blibe. Mir söue gloube, das sigi di waari Demokratie. U Meerheitsbschlüss wie früecher bedüti nüt, sigi eigetlech antidemokratisch, wiu nid uf e Einzumönsch beschränkbar. Äs isch e riise Bschiss.

Aber, iz chunnts, äs git natürlech Abnämer, Chöifer vo dene Schpiufigure uf irne Täuer wo dräie zur Dosemusig! Aber das si keni usem Vouk, wos nümm git. Äs si die, wo das Schpektaku veranstaute, es sie die, wo di Mäss organisiere und dranne verdiene. Wiu, die gits! Das organisiert sech nid vo säuber, das Züüg. Öpper het äs Inträsse dranne, dass usem Vouk dä Zoo vo vereinzelte Narzischte wird, wo sech säuber befridige. Die, wo d Ressource vor Ärde wei kontrolliere. Dass si das ungschtört chöi, müesse d Vöuker ewägg, d Natione verschwinge, d Ländergränze usradiert wärde. Äs mues e kategorischi Trennig vo Mönsch u Ärde stattfinge. Der Mönsch mues sech narzisstisch säuber gnüege, d Erde mues frei zuegänglech si für die, wos organisiere, das nöie Theater. De chöi si e nöii Wäut ufrichte, wo jedem Schpiufigürli gliferet wird, was es bruuchi, um sech z schpiegle u säubschtzbefridige, aber nid mee aus das, o nid weniger aus das. U so chöi si di ganzi Mönschheit am Ändi unger ei Huet bringe, unger ei Herrschaft, wo kene me merkt, dass er missbruucht wird, wiu er ja sech säuber cha füre u schpiegle, wien er gad wott. Es gseet us wi Freiheit, isch aber z Gägeteu.

Raffiniert? Aues wird virtuеu, o d Kulture, nüt mee isch irgendwo verwurzlet, me chas nume choufe oder wäggschmeisse, wie me gad wott. Die nöji Demokratie, vo dere si säge, es sig die gretteti, di vor em Zuegriff vo de sogenannte Rächte gretteti Demokratie, das isch d Homokratie, u di isch d Vorussezzig für di letschti Gseuschaft u vom unschenierte Usbütte vor Ärde, aagäblech zum Woou vo jedere und jedem uf däm

Planeet. Es isch di bodebefreiti Gseuschaft, der waar Kommunismus.

Mir si zrügg bi Marx u Ängus! Hättit ers dänkt?

Übere Trikk

Marx het nume eis einzigs Problem gha, eis, wo der Sozialismus nicht het chönne löse u nie cha löse. Er het e Theorie bruucht, wo aui Gägner, o di zuekümftige, cha usser Gfächt setze, egau, wie si argumentiere. E todsicheri Lösig auso.

So öppis fingt me ni, we me öppis Partikulärs über d Gseuschaft bhouptet, me cha nämlech ds Partikuläre nie vorusgsee. Es isch besser, me seit nüt Partikulärs, erklärt nüt, o nüt Gägewärtigs. We me ds Gegewärtige kritisiert, de esoo, dass mes aus e Meinig kennzeichnet, nid aus e Theorie. Marx het öppis bruucht, mit däm er het chönne konkreti Ussaage mache uf dr Basis vom Augemeinschte, öppis, wo geng korrekt isch. Er het die augemeinschti Theorie gsuecht, wo glichzitig dr Finger uf das leit, won er bruucht.

Was het er gfunge? Die augemeinschti Ussaag, wo geng zuetrifft, isch d Ussaag, wo genau denn waar isch, we si fautsch isch. Tönt komisch, aber isch scho fasch geniau. Das heisst nämlech nüt angers, aus we öppis sini eigeti Widerlegig mit umfasst, cha mes nüm widerlege. Es git e kes Argument dergäge, wo nid scho drin wääri. No angersch, we A o no Nid-A mit umfasst, isch A totau, isches d Totalität. U die isch geng unwiderlegbar. Marx het auso e müglechscht kongkreeti Ussaag bruucht, wo me nid cha widerlege, wiu iri Widerlegig geng scho vorewäg gnoo isch gsii.

Zum Bischpiu: Der Mönsch strebt genau de dernaa, öppis z bewaare, wen er aues umstosse tuet. Das schtimmt geng. Da drmit cha der Marx d Prognose waage, dass der Mönsch, wo sech befreit, so lang aues umwirft, bis es nüüt mee git, woner umwärfe cha, usser sich säuber. Das aber chaner ni. Er bewaart sech auso uf ewig, solang er aues umwirft. Oder angers: Nume so bewaart er sech uf sicher. Aues angere bedroot ne u bringt ne irgend emau z Fau.

We mer das uf d Gschicht vor Gseuschaft awände, bedütet das, dass der Mönsch, grad wenn er aues umwäuzt, sech säuber blibt, u zwar so lang, bis er nume no sech säuber het. Der Mönsch het aber ir Ufklärig im Achzääte Jarhundert agfange, sech säuber z si u chunnt ize usem Umgheie nüm use, oder er verrati sech süsch säuber. Doch das chan er nach der Ufklärig nümm, er müesst scho hinger se zrügggheie.

D Gseuschaft isch auso nume denn d Gschicht vom Mönsch, we si d Gschicht vo de Revolutionen isch. Wenn der Mönsch afaat, e momentani Konschtellation z bewaare, de verratet er sech säuber u macht sech säuber zum Sklaav. Er gheit hinger d Ufklärig zrügg. Di Konservative si auso die, wo hinger d Ufklärig zrügggheie, o we si behoupte, ufklärt zsi.

Es chunnt no dicker. Bsitz isch das, was bewaart wird. Niemer cha öppis bsitze, ooni s zbewaare. Wenn ers zerstört, bsitzt ers när nümm. Nach em römische Rächt darf ers zerstöre, wie ner wott. Bsitz isch hie ebefaus öppis, wo der Nidbsitz mit umfasst. So oder so isch Bsitz di

63

radikaali Entfrömdig vom Mönsch vo sech säuber. Er mues nämlech, wenn er Bsitz het, öppis bewaare, das bringt ne vo sech säuber ab. Aui Bsitzende, wo der Bsitz bewaare, si unfrei u betribe e Gseuschaft vor Ungerwärfig. Es git auso ke konservativi Freiheit, ke Freiheit im Bsitzbürgertum. Sie isch für e Marx en Illusion. Der Mönsch blibt nume sech säuber tröj, wenn er si Bsitz zerschtört oder abgit. D Freiheit vom Mönsch entscheidet sech, wenn er bsitzt, aber umkeert, aus es dr Bsitzendi gloubt. Dä gloubt ja meischtens, Bsitz machi ne frei.

Auso isch es oberschti Mönschepflicht, jede Bsitz z enteigne und aues Konservativi z zerschlaa. U ize gseet der, das geit beliebig wit. O d Bewaarig vom Vouk, d Zämesetzig vom Vouk, d Schpraach vom Vouk müesse zerschlage wärde, we der Mönsch sech wott tröj blibe u sech z Änd befreie.

Marx het drum gseit, dass d Ufwärtsgschicht d Gschicht vo de Umschtürz, de Revolutione sigi, aber so, dass me e ke einzegi überschpringe darf, wiu aues en einzegi Chetti innerhaub vor Totalität sig. Jedi einzelni Revolution mues sii, me cha nid mit emene einzige Schprung der Mönsch vo auem befreie. Me mues geng ungersueche, weli Revolution die nächschti isch. Da derbii darf me nid nach em persönleche Guschto vorgaa, sondern geng luege, weles Eigete aus nächschts zerstört mues wärde.

Me müessi frage, wie wird hüt Eigetum erschaffe u wär wird derwäge beroubt? Marx het für das sis Sischteem vom kapitalistische Produktionsprozäss entwickelt, ds Sischtem vom Meerwärt u sinere Aeignig. Das isch das gsi, wo de, mitts im Nünzääte Jarhundert, agstangen isch.

Schpeeteri Marxischte müesse auso geng luege, wie der aktueu Produktionsprozäss vo Meerwert u Eigetum louft u müesse ne entlaarve u ufe Punkt bringe, um usezfinge, weli Revolution iz mues gmacht wärde. Ds letschte settige Sischteem isch der sogenannt Schtamokap – der Staatsmonopolkapitalismus - gsi, bevor dr Chaut Chrieg z Änd ggangen isch.

Ir Zwüschezit het der Marxismus witergsuecht u sini Metoode übertreit uf angeri Forme vo Bsitz, ufe Rassismus, ufe Sexismus un ufe Faschismus. Uf au dene Gebiet si ir Zwüschezit Revolutione entfesslet u d Verhäutnis umgstosse worde.

Ja, Manne, dir meinet geng, der Marxismus sigi tot! Komplett fautsch! Er het im Gägeteu aues dürsüücht, o d Positione vo de Konservative säuber. Di merke gar nüm, was los isch. Der Marxismus schteit vor em änggüutige Dürbruch. Was schteckt derhinger? Zeersch isch offesichtlech, dass ds Verfaare gränzelosi Macht bringt, über aui Zit, gränzelose Ruum. Es isch es *winning system*. Aber er schmichlet ebe o em mönschleche Gäutigsbedürfnis, jede wott zu de Gwinner ghöre, jede wott e Gwinner si. Dr Marxismus isch hüt daas Sischteem, wo eim garantiert, dass me zu de Gwinner ghört. Zmitts im Kapitalismus! Kene gseets, aber es möögget di aa: Ig bis, der Marxismus!

Er het übrigens di glichi Schtruktur wi d Religion. O sii schteut e zentraali Bhouptig uf, dass ire Houptbegriff sini eigeti Widerlegig mit umfassi. Gott isch ds ganz Angere, wie der Karl Barth het gseit, oder Gott isch grösser, wie d Muslime säge, was bedütet, dass aues, womer über Gott chöi säge, wüsse u vermuete, geng unendlech übertroffe wird vo däm, was er isch, was er cha si, was er wird oder nid wird. Wer aues erschaffe cha, dä cha o sini Widerlegig erschaffe u derbii doch geng der Glich blibe.

O da derhinger steckt es unändlechs Gäutigsbedürfnis une unändlechi Feigheit. Me sprichts em Gott zue, aber eigetlech isch es ds Bedürfnis vo däm, wo vonem redt! We mer üsi Säubschtüberschetzig a Gott delegiere, mache mer is zu Wichte, wo drum us der Verantwortig si. D Verantwortig ligt vo izen a bi Gott. U dass das nid aus e Trick uffaut, seit der Pfaff, Gott sigi gnädig u vergäbi üs das, wiu mer sowieso sündig sige u eigetlech gar nüt angers chönni, aus uf Vergäbig z hoffe. Marx macht ds Gliche mit em Gschichtsprozäss. Dä treit für aues d Verantwortig, was mer a Zerschtöörige arichte, är git is d Absolution.

Marx het aui sini Widersacher wöue besiige, jede Induschtrieu u jede Sozialischt. S Gliche mache aui Marxischte bis hüt, si wei uf der Site vo de Gwinner schtaa, we aui andere ungergöö.

Marx het sech nie wöue mit em Gägeschtampunkt abgää, das wei die hütige Marxischte o nie. Sie rede über ire politische Gägner nid angersch aus di Fromme über di Ungläubige, d Heide. Der Heid isch der entwärtet Mönsch, är isch nume Fleisch u darf o so behandlet werde. Nid nume im Islam, o im Chrischtetum u im Mosaismus.

Für e Marxischt isch jede Bürgerlech en Idiot, wo me o so behandle dörfi, ooni dass es uneetisch wäri. Für d Marxischte giut dic bürgerlichi Eetik ni.

Der Marxismus isch us dene Gründ für aui weschtleche Intellektuelle ds Houptruuschmittu, wone hiuft, iri Impotänz z kuriere. Er git ne es unerhörts Säubschtbewusstsii u macht se bling für d Notwändigkeit vor Empatii mit em Angere. Sie meine geng scho z wüsse, was angeri Vöuker, Gseuschafte u Kulture bruuche. Die Arroganz teile si mit der weschtleche Bourgeoisie. Dr Marxismus isch e weschtlechi Leer, wo eersch no uf em Hegu ufbout, em Houptphilsoph vom dütsche Idealismus. Dr Marxismus isch die weschtlechi sozioökonimisch-bewusstsiisontoloogischi Leer überhoupt, weni das so darf säge, u het überhoupt nüt z tüe mit der dritte Wäut u angere Kulture, wie mir geng söue gloube.

Us dene Gründ isch der Marxismus, wie o d Religion, fasch untödlech. Er verschwingt ersch mit em Ungergang vo üsere Zivilisation, en Ungergang, wo houptsächlich sis Wärch isch. Er heiliget d Zerstörig vo jedem Bsitz u jedem Eigete, wi ni gseit ha.

Äng verwandt mit em Marxismus isch der Sophismus. O dr Sophischt wott geng nume gwinne u jede Gägner us em Sattu lüpfe. Er machts aber uf ne angeri Art, er bruucht derzue logischi Trugschlüss.

Am beliebtischte isch es bi de Sophischte, em Gägner e Verstoos gege ne Prämisse z ungerschteue, i die er scho lang igwiuiget heigi gha. Das aber schtimmt nid. We der Agschuldigeti beschtritet, das er je i di Prämisse igwiuiget heig, geit er id Faue, er chunnt z ghöre, wenn er beschtriti, dass di Prämisse gäuti, sig är unlogisch, widersprächi sech säuber, er lügi. U we das noni hiuft, seit me, er sigi im Ändeffekt e Shoa-Lügner un e Verhööner vo de Opfer vo de Nazi.

Das funktioniert fasch geng, wiu der konservativ Gägner e ke eigeti Gseuschaftsleer het u o nid weis, was Sophisme si. Er geit geng dervo us, dass die Konzept, wo ner verwändet, Vouk, Land, Nation, ds Eigete en univer
 seu ichlagbaari Bedütig hei. Doch de zeigt im der Sophischt, dass es die nid git. Der Konservativ tüei fasle, schwurble, wime hüt seit, sech diffuune Gfüeu heregää, anschtatt d Bedütig z erkläre, wos nid git. U probiert ers trotzdäm, ggratet er sofort id Opposition zum fundamentalisierte Mönscherecht.

Der güebti Sophischt chane ganz eifach ufs Glattiis füere. Das zeige di politische TV-Talks hüt muschtergüutig. Gegenüber em Marxischt het aber der Sophischt e Nachteu. Er isch nämlech mit em gliiche Trick agriifbar. Iim fäut di Generauklousle vom Marx, d Dialäktik. Er isch ni grundsätzlech gnue.

Der Marxismus isch o ne Sophismus, aber eine, wo sech ganz i Ursprung vo aune Dänkfäuer zrüggzoge het, uf d Usschautig vom *Satz vom Widerspruch* nämlech. Dä Ursophismus faut nid uf, wiu me hie vor Totalität redt. Das cha me aber nume, we der Satz vom Widerspruch gstriche worden isch. Dr normau, der bürgerlech Sophist verfüegt nid über die unagriifbari Position. Meischtens längt das aber fürig, wiu sech dr Gägner laat la vor Chopf schtoosse.

Was leere mer drus? Zeersch, dass der Houptgägner vom Konservative nid dr Progressiv isch, sondern dr Sophischt. Der Progressiv isch nume e chlei en angere Konservative. Gfäärlech isch im Autaag der Sophischt. Das o der Marxischt e Sophischt isch, passt derzue, verschleieret aber d Laag.

Drum si d Exponänte vo de Öffentlech-rächtleche Meedie Sophischte. Talks si drum meischtens sinnläär. Der Zwäck vo dene Talks beschteit drin, Chetzereie ufzdecke, nid waari Sachverhäut, die nämlech si im Dogma scho aui katalogisiert. Es bruucht gar ke Faubetrachtige me, nume no Ufdeckige vo Chetzereie. Weme ds Dogma suecht, fingt mes nume aus marxistisch fundierti Texte. Es isch nüt Bürgerlechs, das faut em Konservativ nid uf, wiu d Schnittmängi letschtlech d Shoa isch.

Zwöitens leere mer, dass es überhoupt nid um öppis Progressivs geit, sondern nume drum, konservativi Positione uszheble.

Drittens leere mer, wi scho gseit, dass hinger de Sophischte d Marxischte d Fäde zie. Dr Marxischt liferet ds Dogma, uf das sech der Sophischt beziet, wen ers mues, ds Wärtesischteem, wie mes hüt hochnäsig, u wi geng fei irefüerend, nennt. Dert drinne isch der marxistisch

Gseuschaftsmotoor vom unungerbrochene Umschturz vom Bsitz enthaute. Hüt si das Theorie wi d CRT (Crtical Race Theory) u d Theorie vor sogenannte kritische Dekolonisation, dr Glichheit (Equity) u vor Inklusion.

Em marxistische Mönsch ir Dialäktik entspricht hüt ds fundamentalistische Mönscherecht. Es seit, dass die einzigi Entität, wo zeut, der einzelni Mönsch sig, u zwar geng dää zeersch, wo weniger bsitzt aus der anger. Der höchscht Mönsch ir Hierarchie isch der blutti Frömdi, wo nüt het, nid emau e Heimat. Iim gägenüber zeut nüt angersch, e ke Kultur, e kes Sischteem, e ke Zivilisation u e ke Tatbeschtand. Isch er i Gfaar, mues dere aues angere ungergordnet wärde. Zum Bischpiu mues me sämtlechi ungerdrückte Froue us Afghanischtan – im Prinzip vo dr ganze Wäut – ufnää, u de natürlech o iri Familiene, mit dene zäme de d Ungerdrücker o no gad nacherücke, aber das isch de e Sach vonere angere kritische Theorii, die umzerzie,we si mau da si.

Agsichts vo däm fundamentalistische Mönscherecht chame im Gseuschaftsprozess nüt bewaare. Macht mes trotzdäm, de chunnt me ine Dualismus, me setzt öppis Zwöits, öppis gäge dä Mönsch aus Einzuwäse. Da drmit gits de es Rechtsabwäägig, u das schteit im Verdaacht, gege das, was d Nazi gmacht hei, nid kategorisch abggränzt zsi. Auso seit me o hie, es relativieri d Shoa. U da drmit isch jedi settigi, dualistische Position scho erlediget. Dasch di dialäktischi Form vom Sophischtetrick. Si louft überne Dualismus, wo verbotten isch. Das erfaarsch eersch, we des probiersch.

I säge däm ds versiglete Mönscherächt. Es isch di jüngschti Waffe vom Marxismus. Er het ja scho geng der Triumpf vom Einzelne gfüret, däm gegenüber nüt angers dörfi ufgrichtet wärde. Doch mit em versiglete Mönscherächt het dr Marxismus ize o no ds bürgerleche Wärtesischteem im Sack. Kene merkts! Ds Mönscherecht isch früecher bürgerlech gsi, das isch scho lang vergässe. Me hets eifach der marxistische Dialektik übergää, gratis.

Der Konservativ vo hüt het auso nume no ei einzegi, e letschti Chance. Er mues di diräkti Demokratie erzwinge oder ir repräsentative Demokratie geng uf grossi Koalitione setze. Solang em das glingt, cha ner ds Verhäutnis zwüsche de Bewaarer u de Umschtürzler u das zwüsche de Abholer u de Produzänte für sich nutze. Das het zur Foug, dass d Veränderig vom Vouk nüm unwidersproche furtgfüert cha werde. Aber das isch e hüt scho fasch verlorne Poschte. Die Konservative werde o no di diräkti Demokratie opfere, ooni z merke, was si mache. Si tüe wi Hans im Glück! Wiu si geng no gloube, si heige 1989 dr Chaut Chrieg gwunne u dr Marxismus sig drum ize tot. D Fäudiagnose vor Epoche!

Dr Konservativ müesst ize aggressiv derzue schtaa, dass aui wichtige Entitäte imaginäri si und nid müesse definierbar si, dass sie empfunge si müesse, dass d Empfingige müesse teeut wärde – i säge däm biudhaft, es bruuchi drzue e geminsaame Tanz -, dass genau das dr konservativ Diskurs isch u nid e rationali Debatte, wie se di Lingge fordere, agäblech ir Tradition vor Ufklärig.

71

Macht dr Konservativ vo hüt das nid, wird d Zit cho, wo nes paar fanatischi Konservativi us Verzwiiflig u Wuet zu Faschischte wärde, um die totali Niederlaag vor Demokratie abzwende, wo si gse cho. Dür e Faschismus aber geit d Demokratie genauso kabutt, wie dür iri Finde. We me zschpäät chunnt, chame nüm verändere.

Zudem mues sech dr Konservativ jedere sophistisch gfüerte Debatte verweigere, se bim Name nenne u ds Prinzip ufdecke. Ds Gliche mues er mit dr marxistische Debatte mache. Macht er das ni, de schützt er sech zwar no säuber, git aber d Demokratie innerlech uf.

Im aute Athen hei grossi Dänker wie der Plato u der Arischtoteles d Sophischtik ufdeckt. Im Chliine het sech dert scho z Gliche abgschpiut wie hüt im Grosse. Me schteut die Philosophe hüt vor auem aus Ontologe dar u aus Logiker, viu zweni aus Gseuschaftsbewaarer. Beidi si für di damaligi Zit konservativi Dänker gsi, wo däm vrlogene Schouschpiu ir Polis hei wöue es Ändi bereite, dere sophistische Zerschtöörig vom Bewarende. Sie hei die deschtruktive Regle vo däm Theater ufdeckt. Die Zerstörigswuet denn hets nume gää, wiu gwüssi Mönsche hei enormi Gäutig wöue übercho, sie hei sech wöue unwiderlegbar mache, ooni öppis Positivs bistüüre z müesse. Das herostratischen Elemänt ir Politik isch scho denn extreem schtarch gsi. Hüt beherrschts düre Marxismus die ganzi Kultur.

Nume so ischs z erkläre, dass der Kommunismus geng wieder uferschteit. U geng heisst, iz ändlech wirt er funktioniere! Das isch e fundamentaali Säubschttüschig

72

vo politische Narzischte, wo nid merke, dass si sech mit irere Theorie uf d Urmuetter vo aune Sophisme schütze. Si si Totalitarischte ire partikuläre Sach, si zerschtööre wägere totalitäre Freiheit, wo im Ändleche nie funktioniere cha. Si blibt e Fata Morgana. Jede Kommunismus mues schitere, nid nume ökonomisch, sondern viu grundsätzlecher, idäm er geng wieder uferschteit, aus wäri nüüt gsi, aus hät nid jede Versuech Millione Mönscheläbe u ganzi Kultutre koschtet. D Uurlugi vom ufghobene Satz vom Widerspruch fingt es historischs Echo im Urverlügne vom zerstöörerische Wäse vom Kommunismus u ir Verharmloosig vo au dene Hekatombe.

Dr Marxismus fingt geng nöji Fanatiker. Iz sis sogenannti People of Color, Genderischte, Antisexischte, Antifaschischte u Antirassischte. Sie mache geng z gliche, mit geng em gliche Resultat. Hüt nenne si sech aui Retter vor Demokratie, doch z eerschte, wo si mache, isch d Entfernig vom Vouk vor Macht u d Dekonschtruktion vom Begriffskosmos vo irne Gägner. Es söu nume ire gäute, der Gegner söu gar ke Chance mee ha. Jede frei Diskurs mues ufhöre.

Doch dr Marxismus isch widerleit, ar Queue, im Hegu sim Sischteem scho! U weme dr Marxismus ganz wott usegheie, de mues me dr Hegu usegheie. Das cha me aber ni, wiu ds Verfaare inzwüsche ne ganz nöji Position eroberet het, ir Bewusstsiinsforschig. Ds Verfaare säuber isch knifflig, di meischte verschtöös ni u mache dr gliich Fäuer, wo Marx u Ängus gmacht hei, si setze en Aafang, wiukürlech, öppis, wo si nid durchschoue.

73

Vom Chopf uf d Füess

Es isch Früeherbscht überem Ämmitau, der Himu lüüchtet matter, es het e fasch metauische Glanz ir Luft über de Wäuder u de Matte. D Bäch ruusche lisliger, gurgle nume oder si troche. Es isch no warm, spätsummerlech äbe. D Aupe lüüchte ir Färni. Uf dr Lüderenaup heisi Chiubi gha, der Herbscht isch cho, uf Wulesocke täppelet er iche, d Füchs tanze Cha-Cha-Cha u der Polo Hofer isch tot.

Auso, mir si einisch mee uf der Hingeregg zämecho, um z diskutiere. Ha geschter no mitere Frou gredt usem Rötebach, wo d Claire kennt het. Di sig vor Jarzäänte nach Kanada u nie mee zrügg cho, heig dert en Induschtrieue ghürate, wo Traktore u angers Maschinezüüg boui für d Landwirtschaft. D Ursle heig das gseit, d Ursle isch er Claire iri Gusine. De mües es schtimme, meint si zuemer. Bi nachdänklech gsi, woni das ghört ha. So öppis hätti nie dänkt, dass d Claire uswanderet u de no riich wird derbii. Ja, hani mer gseit, es chunnt wies chunnt u ds Ratiburgere bringt nüt. D Claire, die liebi, hets gschafft!

Item, de wei mer witer mache mit üsem Seminar, hani zum Chrigu u zur Lotte gseit.

Bis hüt isch es no kem Nidmarxischt i Sinn cho, mit em Marx z Gliche z mache, woner mit em Hegu gmacht het, ne nämlech vom Chopf uf d Füess z schteue. Aui si wie vor Schlange ghocket u si vom Marx vexiert gsi. Me cha der Marxismus nämlech bequem usheble. Me mues ne

74

nume dialektisch umdräie. Was der Marx mit em Bewusstsii un em Sii gmacht het, mache mir iz emau mit Reaktion und Progression.

Zudäm giut: Dr Marxismus isch nume solang überhoupt e valaabli Leer, solang me d Dialäktik vom Hegu valabel fingt, was ir Philosophie hüt scho lang nümm der Fau isch. Di relevanti Philosophie, di analytischi, logisch-empiristische, wo uf e Wittgeschtei, e Carnap, dr Quine, dr Davidson u vili angeri zrügggeit, hautet dr Hegelianismus fürne unfruchtbaari Fäuentwicklig. Nid vo ungefäär. Dasch s einte.

Z Problem vo jedere Dialäktik isch aber iri Umkeerbarkeit. Gubs die nämlech ni, wäri ds Verfaare gar nid aumächtig! D Umkeerbarkeit isch dr Priis für die Aumacht. Di dialäktische Verfaare si sogenannt lääri Verfaare. Sie überchöme ersch dürne Kontinggänz überhoupt en Inhaut. Die simmetrischi Operation, wonem Verfaare vom Hegu u däm vom Marx zgrund ligt, lutet i sire lääre Form: Für e jedi Totalität T giut, dass A se vouschtändig beschribt genau de, we Nid-A se vouschtändig beschribt. Wi me gseet, isch d Operation inhautsläär, bedütigsläär, isch sogenannt simmetrisch. Nachdäm me se agwändet het, isch geng no aues glich.

Me mues scho e Zuefäuigkeit, e Kontinggänz ise ichetue, es Elemänt vor Bedütig für e genau bekannte Bedütigsläser, e Mönsch, en intelligänti Maschine, vo dere me d Bedütigserfassig kennt, dass A d Bedütig a het u Nid-A d Bedütig nid-a. Zum Bischpiu chani säge, A bedüti „di gseuschaftspolitischi Aktion", so dass Nid-A quasi – i säge extra quasi – mues bedüte „di gseuschaftspolitischi Reaktion", wen i mit Aktion gmeint ha, dass e beschtimmte gseuschaftleche Zuestang aggriffe wird, um ne zverändere, so dass die entsprächendi Negativaktion d Verteidigung vo däm Zuestang si mues. Settigi Sache wüsse aber nume d Bedütigserfasser. Nume si wüsse, vo was d Reed isch, u das si bis hüt nume mir Mönsche. Morn de vilich o d Androide, wär weis!

Dasch äuä no z schwirig. Mache mers eifacher! We Marx seit, d Gschicht schriti so voraa, dass progressivi Chreft uf ds Ganze vor Gseuschaft befreiend igriiffe, wärend di reaktive Chreft das verteidige, wos jewile gad git, de ungerschteut er, dass di gseuschaftlech bedütigsvoui Aktion (bedütigsvou, wiu ds Individuum befreiend) prinzipieu vor Progressivchraft usgäängi. Dere gegenüber gits de sofort e Reaktion u drmit e Repressionschraft, wo me mues überwinge, entweder ökonomisch, u de füere die innere Widersprüüch vor Reaktion zum Kollaps vo dere, oder dür e Revolution, dürne Umschturz vo de Verhäutnis ir Gsamtheit.

Mir hei z Gfüeu, das sigi logisch. Aber wohär weis Marx, dass d Reaktion eini uf ds Progressive isch? Nume, wiu er ds Progressive kalkulatorisch a di eerschti Schteu schteut! Er geit vor naive Aanaam us, dass ds Poschtulat vor europäische Ufklärig, dass d Befreiig vor Mönschheit us ere säubschtverschuudete Abhängigkeit ds höchschte Ziu vor Gschicht sig. Er setzt das eifach vorewegg. Das isch fürne evidänt. Waas süsch chönnt de zoberschte Ziue si? Uf das het ja d Religion scho ne Antwort. Di het aber d Ufkärig vom Socku ghout. Marx schteut auso ds

Umschtürzende no vor ds Bewaarende, weme dr Gschichtsprozess aluegt. Er dänkt z Bewaarende geng nume aus e reaktivi Chraft, wo, was wider logisch usgseet, geng nume repressiv chöi si. Si wott das, was ds Progressive wott, ungerdrücke, was probiert, z Progressive z ungerdrücke.

So eifach isch es aber ni. Z Ganze söu ja dialektisch funktioniere, simmetrisch, unger dr Sezzig vomene woolkalkulierte Simmetriebruch. We Marx, wie gseit, so argumentiert, beschteit ds Dialäktische dadrdrin, dass er ds Reaktive nume drum a di zwöiti Schteu setzt, wiu er iim vorhär scho di eerscht Schteu igruumt het! Z Progressive nämlech, wo ja der Mönsch wott befreie, fingt öppis vor, z Beschteende, ds Widerstängige. Mir chöi auso säge, dä Kalkül vo Marx funktioniert nume wäge sim Nidfunktioniere. D Reiefoug vo de Vorgäng basiert uf der umkeerte Reiefoug vo dene Vorgäng. Das muess so si. Süsch hei mer e kes dialäktischs Verfaare vornis. Oder angersch: Z waare Eerschte isch dr Bsitz, z waare Zwöite isch d Enteignig vom Bsitz. Wurum? Wiu d Voorschtelig vom Naturmönsch à la Rousseau, wo aui Ufkläärer u o dr Marx hei gha, totau naiv isch. Wes nämlech e settige Naturmönsch gubti u ggää het, de wär di eerschti Progression d Bsitzergriifig, nid d Enteignig! De wär dr Konservativ dr Revoluzzer u nid dr Progressiv! Me cha eersch denn öppis ewägg nää, we eine öppis bsitzt u bewaart. Auso isch di waari Fortschrittlechkeit d Aaeignig vo Bsitz. Eersch so chunnt das i Bewegig, wo me dr Gschichtsprozäss gnennt het. Esch isch nid „guet“, das wider rückgängig z mache, wi das d Religion u dr

Marxismus bhoupte, sondern „schlächt". Es macht nämlech di eerscht Handlig vom Mönsch kabutt, di eerscht Säubschbeschtimmig u drmit di eerschti Befreiig. Weme das so aluegt, erschiint dr Marxismus aus i sich säuber vo Afang aa widerleit. Das erschuunt is aber ni, wiu das zur Dialäktik ghört. Was is aber erschuunt, isch, dass me dr Kapitalismus nid aus das gseet, was er vor dere Tatsach isch, dr dialäktisch glichberächtigt Antimarxismus, so dass d Gschicht nid wie Marx u Ängus meine, i Richtig Kommunismus geit, sondern i Richtig ewige Kampf zwüsche beidne! D Gschicht het gar e ke Usrichtig! Wurum het sis aber bim Marx? Wäge dere Kontinggänz, däm nidlääre Argument, en absoluti Eerschtposition z sezze. Die Zuefäuikeit chunnt us dr Seeu vom Marx. Sii isch dr Urfäuer vo dere ganze Theorii.

Bis da here, bis zur Sezzig us sinere Seeu, blibt Marx läär. Um mit sim Schema öppis chönne z bewege, mues er d Simmetrie sogenannt bräche. Das tuet er dürne wiukürlichi Bhouptig in Bezug ufs Gseuschaftsganze. Er sezzt en absolute Afang. Dasch d Ursünd. Nid dr Bsitz isch se, sondern d Sezzig vomene absolute Aafang! Die Bhouptig mues wiukürlech si, süsch wär ds Schema missverschtange. Marx leit fescht, dass ds Progressive di tribendi Chraft sig u ds Reaktive sigi di repressorischi Chraft. Mit däm het er i sini Dialäktikvariante e chünschtleche Afang ibout. Das het er müesse, süsch hät er mit sim Schema gar nüt chönne politisch-eristisch afaa! Er het müesse e Sünd begaa, wie dr Adam im Paradiis!

I dere Sezzig ligt es Vorurteeu, z Vorurteeu an und für sech, dr Bias schlächthii. I däm Bias steckt die gsamti Bewertig vom Schema. Nämlech i däm Vorurteeu – nid ir Dialäktik säuber – isch entschide, wär der Guet u wär der Schlächt wird si dür die ganzi dialäktischi Gschichte düre!

Marx gründet auso uf emene undialäktische, zuefäuige, eigete Bode. Er macht auso säuber en eerschti Aeignig. Wott er schpeeter bewiise, dass sis Vorurteu korrekt isch, mues er zirkulär-logisch argumentiere. Das heisst, er mues sophistisch argumentiere, trugschlüssig im Sinn vom Arischtoteles, Organon VI. Er het sech entschide, eerschtens dialäktisch vorzgaa u zwöitens e Kontinggänz izboue, um sini Dialäktik mit Läbe z erfüue. Was aber nüt angersch heisst, aus se zure Waffe z mache.

Intressanterwiis het er drum, um dr Kommunismus z begründe, dr Kapitalismus beschribe, wiu sobaud er sini Kontinggänz ichegworfe het id Müli vor Dialäktik, nume no Kapitalismus us dere usechunnt. Keim isch das ufgfaue vo dene konservative Trottle, bis hüt!

So wit, so guet. Het me das emau gmerkt, wird das hie offesichtlech: Di ganzi Macht vor marxistische Argumentation ligt uf zwo Süüle, uf em dialäktische Grundverfaare, wo läär isch u uf däm Vorurteu, däre Sünd, wo zwangsläufig nidläär isch. Mit däm Vorurteeu mues d Argumentation gschtartet werde wie mit emne Alasser. D Argumentation säuber, wo so igang chunnt, isch vo denn ewägg i jedem Urteu sophistisch, isch usnaamslos zirkulär, trugschlüssig. Wiu aber dä Zirku geng dür ne

Totalität louft, äänlech wie ir Religion, isch der Gägner vexiert, er hocket wie d Muus vor Schlange u laat sech la frässe.

Dr Gägner wird am Ändi der Marxismus eifach ableene, aus Schmare abtue, wiu erne nid cha knacke, oder er wird wüetig, unem Marxischt bösartigs Argumentiere ungerschteue. Am Ändi wird er, wie d Nazi, i sinere Verwzüiflig d Marxischte umbringe, umse zum Schwige z bringe. Me cha di Perversion aber äbefaus dialäktisch uslege u derfür d Marxischte verantwortlech mache, wo mit em Ganze agfange hei. Es git auso geng es Patt und am Ändi entscheidet geng d Gwaut. Marx het drum intuitiv gwüsst, dass die ganzi Sach ooni Liquidatione nid wird funktioniere. Der Lenin het das usgfüert u umgsetzt. Me mues d Reaktion liquidiere, bevor sie eim säuber liquidiert. Das, u nume das, isch d Waarheit vo däm Verfaare.

Mir si aber drmit noni fertig. Um chönne z zeige, dass das, was der Progressiv wott, d Befreiig vom Einzelne us sinere Abhängigkeit u Entfrömdig isch, muess der Marx es witers Sischteem ifüere, eis, wome eigetlech gar nid bruuchti. Die attische Sophischte hei bewiese, dass me es settigs Sischteem nid brucht, um dr Gägner usztrickse. Marx het aber wöue uf Nummer sicher gaa, er het im Nünzääte Jarhundert gläbt, wome höcheri Aschprüch a die sogenannti Wissenschaftlechkeit het pflegt aus im auten Athen.

Marx zeigt nämlech a dere Schteu uf, dass aui beschtehende Verhäutnis ufemene Roub ufboue, u dass d Befreiig drin beschteit, dä Roub rückgängig z mache. Das cha me am beschte, weme die beschtehende Verhäutnis nid aus philsophischi oder aus settegi vom Bewusstsii ungersuecht, sondern aus ökonomischi. Marx het soo unger angerem uf e Rousseau zrügggriffe, wo vom Naturmönsch usgange isch. Dä Mönsch heig sech im Naturzuestang no nüt ageignet gha. Das giiut für Materiells u für Ideells. Sowit simer ja scho gsi.

Marx het die induschtrieui Produktion vo sinere Zit ungersuecht. Er het dert im sogenannte Meerwärt der entscheidend Hebu gfunge, um Bsitz aus ne Roub herezschteue. Er beschribt es Sischteem vo verschidene Meerwärte, wo ir induschtrieue Produktion schpile, wo der sogenannt Kapitalischt, wo der Bsitzer vo de Produktionsmittu isch, für sech säuber beaaspruchi. Doch chöi die nume dürne gseuschaftleche Prozäss ir Fabrik entstaa u ghöre drum eigetlech aune Teeunämer ar Produktion, so het Marx dänkt. Der Kapitalischt eignet sech ds gseuschaftlech produzierte Kapitau eifach a, er wird eso stinkriich u cha mit däm Gäut wieder nöji Produktionsmittu choufe u dä Aaeignisprozess beliebig usboue, wäärend sini Arbeiter nume ne Loon überchöme, wo grad längt, dass si iri Leischtig witer chöi erbringe, inklusiv der Gründig vore Familie, drmit d Ching schpeeter ds kapitalistische Sischteem chöi witer fuettere mit sech säuber.

Marx seit, der Kapitalischt heig en Art ökonomischs Perpetuum erfunge, wo e geng grösseri Masse vo Proletarier fürebringt. We iz die Proletarier iri Laag erchenne, de gsee si plötzlech, wie si entfrömdet werde u versklaavt, si schtö gäge dä Kapitalischt uf, übernää d

81

Produktionsmittu, vergseuschafte se u verteile der Meer-
wärt a aui Beteiligte gliichermaasse. Es paar vo dene
Meerwärte würde zwar denn wägfaue, aber es würde no
gnue blibe, um drmit e Gseuschaft z finanziere, i dere aui
gliichermaasse guet chöi läbe, so dass e jedi u e jede uf
sini Rächnig chäm. Dä Zustang hei Marx u sini Nach-
fouger, vor auem dr Lenin u dr Trotzki dr Kommunis-
mus gnennt.

Me cha säge, dass das us hütiger Sicht e zimlech primiti-
ven Aasatz i Bezug uf e Kapitalismus gsi isch. Me cha
das em Marx aber nicht vorwärfe. Es isch zwar viu z
eifach, ökonomisch gsee, aber es enthautet aues, was es
bruucht. Es isch em Marx ja drum z tüe gsi, un es geit o
de Hütige drum, belege z chönne, wurum die beschtehe-
nde Verhäutnis geng schlächt si, nid nume ab u zue u
nume gwüssi. Aui u geng! Glingt das nämlech ni, de
funktioniert d Dialäktik aus Schema ni. Es hätti de ja d
Kontinggänz ds Kommando über d Argumentation
übernoo. Das geit ni, wiu d Kontinggänz startet d Ma-
schine nume, schpeeter het si e e ke Funktion mee, süsch
stört si d Maschine bi irem Fuktioniere.

Dr Basistrick mues si u blibe, dass aues, wo beschteit er-
schtens ökonomisch sig u zwöitens uf dr Usbüttig
beruet. Es mues gsicheret wärde, dass aui Aahüüfige vo
öppisem, vo Ware, Gäut, Grundschtück, Gebäud, Idee
oder Technike druf berue, dass si nume Usdruck dervoo
si, das öpperem öppis wäggnoo wird, was aune ghöri,
was sogenannt gseuschaftlech erzügt worde sig. Dä Ne-
xus muss unbedingt dür aues düre unataschtet blibe, wiu
süsch dr Marxismus i sech zämegheit.

Marx het das gsee u muschtergüutig umgsetzt. Er het zeigt, dass dr Kapitalischt nid elei riich wird, sondern dür d Ungerdrückig vo dene, woner bruucht, um z produziere. Jedi Produktion sigi e gseuschaftlechi, seit er. Der Kapitalischt bruchi geng d Arbeit vo angere, er schteit uf de Schuutere vo dene, wo müessen iiluege, wiu der einzelni, der Kapitalischt, süsch nid würdi voraacho.

Das gäuti o für ne Erfinger. Dä chönni nume erfinge, wiu är d Arbeit vo angere vorussezzt u nutzt, bezieigswiis, wiu är imene Sischteem läbt, wonem d Freiheit git, chönne z erfinge. Das Sischteem aber bütti öpper uus, drmits cha funktioniere. Zuegschpizzt gseit, het dr Einstein nume chönne sini Relativitätstheorii erfinge, wiu er imene ökonomische Sischteem gläbt het, wo us der Usbüttig vo Proletarier u vo grosse Teile vor Mönschheit beruehi, won i koloniale Verhäutnis glebt heige. Auso ghöre die ökonomische u gseuschaftleche Vorteu, wo der Einstein drus het chönne zie, dass er d Relativitätstheorii het chönne entwickle, nid iim, sige nid sis Verdienscht, sondern sigi gschtole. Er müssti eigetlech wie dr zrüggpfiffeni Chinees ir Kulturrevolution – di isch drum so wichtig für e Marxismus - is proletarische Läbe zrüggcheere u aui Vorteu, woner gniesst er Gseuschaft zrügg gää. Gseet er das nid i, de mues me ne beschtraafe, eventuell sogar liquidiere, dürnes Revolutionsgricht.

Was wott e gwöönleche Konservative gäge nes settigs Sischteem säge? Er wirds für verruckt erkläre. Doch verruckt isch es ni. Es isch konsequänt. Es läärs dialäktischs Schema, bbroche u drmit initialisiert mit enere Kontinggänz, us emene Vorurteu use, wo ir Seeu vom Marx isch gebore worde, sini Ursünd. Das isch zuelässig. Doch het das d Foug, dass vo da ewägg aues Argumentiere zirkulär isch, sophistisch im Sinn vom Arischtoteles. So chunnt me zu Schlüss, wie däm mit em Einstein, wo eim verruckt dünke u wos, rationau gsee, o si.

Ds Verruckte isch aber weniger dr Marxismus aus d Blingheit vo de Konservative i Bezuug uf d Metoode. Isch krass, was die nid gsee hei! Bis hüt ni!

I was beschteit dr Zirkuschluss? We i imene dialäktische Sischteem en Aafang setze – hie im Progressive – de chani geng nume das bewiise, was i vorusgsetzt ha. I schtecke imene Trugschluss fescht. I cha nüt angers usefinge aus das, woni ichgleit ha. Aus e Methode isch mis Sischteem e säubschterfüendi Prophezeiig. I ha geng rächt, mini Gägner liege geng fautsch. Dr Progressiv isch geng im Recht, der Reaktionär geng im Unrecht. Dasch d Essänz vom Marxismus. Dass me das Sischteem wüsseschaftlech nennt, isch e Witz. Es isch vor Wüsseschaft z Gägeteu, es isch reini Polemik. Wüsseschaft isch ergebnisoffnigs Sueche u Ungersueche, vo Tatsache u Zämehäng, mit Hiuf vo logische, experimenteu universeu ichlagbare, widerhoubare Operatione entlang vo Hypothesene, mit em Ziu, se z widerlege. Erkenntnis isch das, wo me uf däm Wäg nid cha widerlege, blibt auso geng provisorisch. Ir Wüsseschaft gits e ke enggüutigi Erkenntnis u e kes abschliessends, sogenannt verifikatorischs Verfaare. Im Marxismus gits das aues gratis, dürne Trick, d Dialektik.

84

Me cha der Marxismus uf die Art erledige, aber das befridiget niemer. Me chane o eifach umdräie, ne mit sech säuber churzschliesse. Me cha säge, nid z Progressive schteit am Afang u tribt dr Gseuschaftsprozäss a, sondern z Beharrende und Repressive. Das geit, wiu d Dialäktik simmetrisch isch.

Me zeigt iz, dass d Fortschribig vom Bsitze dür d Überwindig vo auem, wos wetti bodige, d Gseuschaft geng riicher macht, quasi d Information ir Gseuschaft ständig laat la grösser wärde, so cha me zeige, dass der Bsitz geng ubiquitärer wärde mues u au di Teeunämer voraatribt, wo am Produktionsprozäss mitmache. Sofern das der Fau isch, würdi d Befreiig vom Einzelne vo sinere Unfreiheit, vo sim Usgliferetsii a d Natur oder a di mönschleche Usbütter säuber o dür Teeuhaab am Bsitz voraatribe. Es blibt aber geng es Gfäu, u so entschteit dr Idruck, dass geng no usbüttet wärdi.

D Freiheit vom marxistische Endmönsch, vom Kommunischt, so heisst er ja, bescheit i dr aune Teeunämer am Produktionsprozäss garantierte, relativen Armuet, was sini Befreiig vom Produktionsprozäss ja überhoupt suggeriert. Was d Kommunischte aber normalerwiis gloube, isch öppis Utopischs, dass im Kommunismus e kollektivi Bsitzentwicklig stattfinge wärdi, wo em Kapitalismus äbäbürtig sig. Doch me vergisst, dass di daderzue bbruuchte Hebu entfärnt worde si, dass me se ersetzt het dürne idealistischi Komponänte, wo unmarxistisch isch, e Wiue zur Überleischtig – dr Leischtigsgenosse Stachanow isch hie dr massgäbend Heud -, o we eim lezschtlech nüt blibt usser em kollektive Aateeu.

85

Di kommunistischi Utopie isch e Rückfau ine vormar-
xistische Idealismus. Was me marxistisch vom Kommu-
nismus cha erwarte, ooni derbi i dä Idealismus zrüggzg-
heie, het der Lenin usformuliert, u der Trotzki hets glebt.
Nämlech nume, dass üs d Wäutrevolution, die per-
manänti Revolution im Sozialismus drvoo bewaart, ent-
weder em Marxismus Tschou zsäge oder i die idealis-
tischi Utopie zverfaue, dass us de Naturmönsche dür
Wiuensakte Überleischter werde, wo uf di ökonomischi
Beloonig derfür verzichte.

Nume dür di konsequänti Witerfüerig vor Umwäuzig
würdi der idealistischi Drang nach mee ufgriffe u mar-
xistisch nutzbar gmacht. Är würd süsch dr Marxismus
zerschtööre, sobaud klar wird, wie weni dä bringt.

En analoge Vorgang hei mer i Bezug uf d Entwicklig vor
chrischtleche Wäut über angerhaub Jartuusig. Die Wäut
schtosst schnäu ane ökonomischi Gränze, we si nid
duurend d Zwiifler ablenkt drmit, dass iri Witerentwick-
lig dür d Mission us dür ds Rituau vor Buess gsicheret
blibt, wone Expansion daarschteue, en üsseri über d
Wäut vo de iz no Ungläubige, une inneri über e iz no
Sündig i üs aune. We di ewigi dialäktischi Bewegig uf-
hört, realisiert der Chrischt eersch, dass iim si Gloube
ökonomisch u ideeu fasch nüt ibringt. Är realisiert, dass
är sich dürnes neu z entfautends Heidetum müessti
schadlos haute, so wie der utopisch Marxischt sech düre
Nöihegelianismus vormarxistischer Prägig schadlos
haute müesst, würd er uf di permanänti Revolution ver-
zichte. De würd er nämlech i sinere Armuet erwache u
sech frage: Was ize? Das chas doch nid gsi sii! Solang er

revoltiert, isch er derfür bling u isch erfüut, cha sini Misserföug geng em Gägner aachride u sech säuber geissle, no energischer z versueche, dä us sim Sattu z lüpfe.

Das füert mi zur Fraag, wurum der Marxismus so attraktiv isch? Es git derfür e seer eifache Grund. Ungefäär d Heufti vo de Mönsche si Abholer, si Jeger u Sammler, si gö vonere Füui us, u was si mache, isch, die abzboue. Derbi hoffe si eifach, dass si nachewachst. Der Marxismus isch di philosophisch am radikauschte z Änd dänkti Version dervoo, mee nid. D Heufti vo aune Mönsche isch marxistisch veranlagt, o wesis gar nid weis. Das schpieglet ufne schöni u intressanti Art ds dialäktische Prinzip, dass A u Nid-A zäme ds Totale si, nid einzu, dass aber einzu A u Nid-A geng dervoo rede, ds Totale zsi. I däm Widerspruch gfange blibt aues. Nume wäge däm louft überhoupt e Gschicht ab. Nume esoo gits e Gschichtsprozäss. We der Marxismus gwinnt, zerschtört der Mönsch sini Zivilisation. Gwinnt der Kapitalismus, zerschtört der Mönsch di ganzi Wäut, wiu er nüm bbremset isch, sich überau uszbreite u aues izsacke. Die reali Gschicht louft angersch, si mischt sech geng us beidem es nöis Ganzes zäme u balangssiert uf der Kante.

Der Konservativ bruucht gar nid zgwinne, er darfs o ni, er mues nume ggugge, dass d Sach unentschide blibt. Dr Marxischt ni, dä cha nume wöue gwinne, er darf nüt angers dänke. Auso isch die würklechi Gschicht geng dr Zäämigsvorgang vo de marxistische Chreft dür di konservative Chreft. Das chert d Dialäktik um. Für d Furtsetzig vom Gschichts- und Gseuschaftsprozess si di konservative Chreft z entscheidende Agäns u nid ds

Reagäns, wie Marx gmeint het. Grad de, we di Progressive dr Impuus bringe, si die Konservative di transformierendi Iirichtig, wo us däm Impuus öppis mache, wo d Gsamtalaag nid zerstöört. Drum sie si ds eigetleche Agäns im Gseuschaftsprozess.

Das schteut mi vor d Fraag, obs de e konservativi Theorii analog zur Theorii vo Marx u Ängus überhoupt bruucht? Nei, es bruucht se ni. Di konservativi Theorii isch ja nüt angersch aus di dialäktischi Umdräiig vom Marxismus. U drüber use d Ufwiisig vo jedere Dialäktik aus enere Sophischtik mit emene Ergäbnis, wo primär ungüutig isch, wiu zirkulär.

Was isch dr Gschichtsmotoor würklech? Dr Kapitalismus, i mmer nöie Forme. Das aber heisst, dass dr Marxismus nid nume ökonomisch muess bekämpft wärde, sondern vor auem o philosophisch, ideologisch, eetisch u moralisch. Deert isch er hüt am witischte voraa u zerschtöört jede Tag konservativi Positione, nid mit ere Waarheit, sondern mit emene Trugschluss. Er lügt sech düre.

No angers Wichtigs

Wider isch es Winter uf dr Egg, dr Mond säglet düre verschleieret Himu über d Wäuder. Me gseet nume weni Liechtli im Land, d Hööf, wo igschneit si, wie sit Jaare nümm.

Eine het mer gseit, d Claire sig Witfrou, der Maa sig gschtorbe, der Soon füeri iz d Ungernämig mit dene Traktoore in Kanada. D Claire chäm im Winter uf Sankt Moritz zum Skifaare. Me heigere gseit, dass i mängisch uf der Hingeregg sigi u Seminaar abhauti über so Züügs. Si heigi gseit, si chäm de mau verbii, wenn i da sig. Uf jede fau isch si iz nid hie, nume mini paar Fründe un ig, mir hocke zäme vor em Cheminée u frässe gröschteti Chegele u Tessiner Salami, suufe Merlot. Ja, es schtimmt, u nächär ässe mer es Fondue mit Kirsch.

I säges ne, dass d Claire wöui cho, wenn i da sig, u ize sigi ja da. We sis ghört, chunnt si vilech. Bis denn gits no z rede. Mir si noni düre mit däm Züüg. Mir hei no es Thema. Es kritischs. Mir müesse da düre, es git nüt angers. Mir chöi nis s nid leischte, wie ar Uni, Züüg usse zlaa, wo vilech politisch unkorrekt isch. Mir si no settig, wo vor däm e ke Angscht hei. Nämet, Kolleege u Genosse! Frässet! Es het gnue. I rede derwile, loset zue, we der weit. Sit säuber tschuud.

I frage mi hüt, was de eigetlech das isch, wo me typisch nennt? Dasch doch komisch, dass das nie zur Schpraach chunnt. So zur Schpraach chunnt, wie mer das hie wei u müesse mache.

Di Konservative rede mängisch dervo, öppis sigi typisch, zum Bispiu fürne Kultur. Der Sophischt wiist de nache, dass me ds Typische nid cha definiere. We doch, denn chäm das agäblech Typische nume i chliine Mängine vor u sig scho drum äbe nid typisch für öppis. Öppis Typischs mües notwendigerwiis hüüfig si. Mir müesse iz luege, ob da öppis dranne isch, am Typische u a däm Argument vo de Sophischte.

Wemer öppis typisch nenne, beobachte mer fei mängisch, dass mer tatsächlech gar nid öppis meine, wo hüüfig vorchunnt! Aber es chunnt hüüfiger vor aus i *A* u i *B*, wos gar nid oder nume i Einzufäu vorchunnt. We öppis gar nid oder nume vereinzut vorchunnt, isch es tatsächlech säute typisch fürne Gsamtheit.

I ma mi guet erinnere, woni aus Bueb in Floränz gsi bi u dert geng wieder jungi Froue gsee ha u jungi Männer, wo e Gsichtsschnitt hei gha, woni so no fasch nie gsee ha gha. Fini, eifachi, länglechi Gsichter mit enere länge, fine und ganz sanft konvex bogene Nase, wo fasch direkt us der breite Schtirne usegwachsen isch, ni ganz wie bi de griechische Schtatuene, aber äänlech, finer u scherfer gliichzitig. Settigi Mönsche hani vor auem in Floränz gsee u in Siena, i angere Ortschafte vor Toskana weniger. Aber si si nid hüüfig gsi, gnue hüüfig auerdings, dass si mer ufgfaue si. Für mi isch dä Schnitt typisch worde für die Gägend. Rein numerisch si das vilich 5-10 Prozänt vo de Gsichter gsi, aber das het mer fürig gnüegt.

Ganz äänlech chönnts bi de klassische Grieche gsi si. Me meint ja geng, aui Grieche heige settigi Gsichter gha wie uf de Schtatuene vor klassische u hellenistische Zit. Äbe nume esoo chönni dä Schnitt typisch gsi sii. Das isch sicher fautsch. Die damalige Grieche u die damalige Florentiner müesse di Mingerheit, wo so usgsee het, wie n ig aus typisch waargnoo ha, wiu si bi angere Vöuker so nid vorcho isch, nume i Einzufäu oder gar ni. Dass di Gsichter typisch chönnti si, ligt o da dranne, dass die Zaaleverhäutnis, wome natürlich nume gschpürt, nid uszeut het, das het niemer gmacht, aber gschpürt het mes, das Verhäutnis, wo geng öppe glich bliben isch. Es isch öppe wie ne Konschtante ufgfaue. Die Mängi het sech us em Vorhandene geng weder nöi ergää, i jedere Generation, u drum het me das aus typisch empfunge.

Wiu dä Typus öppis Schöns, öppis Gschids, Bedütends u Begeerenswärts het gha, isch er no schtercher ufgfaue u isch i de Biuder u Schtatuene geng hüüfiger uftoucht. Trotzdem het s Vouk dert nie so usgsee, aber es het i sim Genpool aues gha, um das Zaaleverhäutnis geng z reproduziere, solang d Bevöukerig nid z schtarch vermischt gsi isch, zum Bischpiu dür ne Chrieg oder d Sklaaverei. U so hei warschiinlech aui Vöuker ires Typische gha, u zwar sogar chlirüümig. Es het e typische Thessalier ggä un e typische Messenier, e typische Elier un e typische Spartiaat, e typische Ionier un e typische Dorer, ezetera. We dr Mönsch emau lengeri Zit schtabiili Bevöukerigsverhäutnis het, faat er a, settig Ungerschiid z empfinge. Derig Type hets o im Ämmitau ggä, im Simmetau, in Züri u in Nöieburg, überau. I weiss säuber no, dass mir das aus Ching i de Füfzger- und Sächzgerjaar schtarch ufgfauen isch. Dr Simmetauer het me guet vom Ungerländer chönne ungerscheide, weme ds Oug derfür gha het. Obwou, äbe, wemes hätti wöue genau erfasse, me gschiteret wär a dere Ufgaab. Iheimischi si überau seer güebt gsi im Erchenne vo de Typische, si hei seer gnau gschpürt, wär derzue ghört u wär ni.

Niene fingt me ds Typische aber ir Meerheit. Im Gägeteu, d Meerheit wirkt meischtens interregionau ustuuschbar, zwar nid ganz, aber doch fasch ganz. Wurum? Wiu die Typische o seer viu Untypischi hei la aaklinge, so das me ggaant het, würd me d Bevöukerige ustuusche, würd o ds Typische verschwinge. Jedi Bevöukerig het druf ggachtet, dass die Homööschtase ufrächt bliben isch. Me het zum Vouk Sorg treit wäge de Typische, wius die het fürebbracht, di het me aus bsungers attraktiv empfunge. Nid wägen ere Meerheit. Meerheite, zaalemässig, hei so genau niemer intressiert.

So ischs mit auem gsi. Mit dr Landschaft, dr Kultur, dr Schpraach, dr Musig, ezetera. Ds Bewaare het aues betroffe, wägem Typische drinne. Es isch mit de Schtiile ir Chunscht ganz äänlech. Ob e Schpiegu us em Barock, em Rokoko oder ob er Louis Seize isch, gseet me a wenige Detail, nid am Gsamte. Me gseets ar Axialität, ar Simmetrie oder Asimmetrie u a gwüsse Ornamänt. Mit em radikale Stiubruuch vor Moderne simer verfüert worde, settig Brüüch sigi Teeu vor Stiuentwicklig. Das isch fautsch. Das si Paradigmewächsu, wieme se nume fingt, we ei Kultur die angeri überlageret, wie nach chriegerische Eroberige. Sit der Erfaarig mit der Moderne gloube mer, es gäb e Kontinuität vo settige Brüch, was aber nid der Fau isch. E ganzi Kultur wird hie dürne angeri abglöst, was sech sithär meereri Mau wiederhout het, z letschte Mau mit der Revolution von 1968 u iz wieder, i de letschte paar Jaar, mit dr Wokeness.

Mir gloube hüt, dass die unbegränzti Mischig vo aune Vöuker e ke Iifluss uf üsi Kultur wärdi ha. Tatsächlech wird d Veränderig aber so totau si, dass si aues Typische us üsere Wäut zum Verschwinge bringt. Drmit ändet de ds Bewaare i aune wichtige kulturelle Beläng automatisch. Das bringt sofort e ganz nöji Kultur, ooni grossi Übergäng. Das wird eso totau si u so schnäu ga, dass o die technischi Zivilisation Schade nimmt. Mit der Zit wird sech nöis Typischs usbiude, entlang vo dr Veränderig vor Liiblichkeit u drmit vor Seubschtwaarnämig vor Bevöukerig.

Es isch esoo: We die hütige Sophischte em Konservativ ds Rede vom Typische aus Gschwafu u ds Feschthaute a de Verhäutnis aus Rassismus uslege, wird dä Konservativ schnäu ufgää. Er wird nüm verschtaa, was er eigetlech het wöue bewaare, wiu ers nid cha beschribe, ooni sech lächerlech oder sogar verächtlech z mache. Er würd ja am liebschte gar nid drüber rede, aber das laat im der Sophischt nid düre. Dr Konservativ wird scho baud d Site wächsle u säuber aktiv ar Veränderig mitmache, um dä Verluscht am Eigete nümme z empfinge, das würdi z fescht wee tue. Das gseet me scho hüt überau. Me nennt das ir analytische Psychologie e Reaktionsbiudig. Was nüt mit em Marx z tüe het.

Wo liegt z Problem? Di Verhäutnis, woni grad beschribe ha, maches fasch ummüglech, e beschtimmti Bevöukerig un e vorhangeni Kultur lengeri Zit z bewaare, wenn d Naivität vo däm Bewaare emau verbotten isch. Vom Sophischt. Z Konservative läbt bis hüt vor Naivität. Iz isch z marxistische, lingge Dänke, wo o ufnere Naivität beruet, wini zeigt ha, säuber z erklärten Ändi vor Naivität i aune Beriiche vor Wäutaschouig. Der Naiv mues sech hüt erkläre, das mues er technisch beherrsche. Das chöi die auerimeischte ni. Drum schwige si. Si zie sech zrügg, konvertiere, göö i di psychologischi Reaktion. D Erklärig, wo dr Konservativ u dr Naiv normalerwis chöi lifere, nimmt nie Bezug zur Begriffswäut u zum Argumentarium vom Marxismus. Drum isch si vo Afang a nüt wärt. So heissts.

Wott sech e Konservativ im Argumentarium vom Marxismus erkläre, chaners ni, dä Ruum isch mit sech säuber versiglet. Är isch sogenannt *kritisch.* Aues, was der Konservativ hie cha vorbringe, isch a priori widerleit u d Debatte zeigt numen uf, dass es der Fau isch. Er chönnti sech nume denn behoupte, wenn er ir Laag wär, dr Dänkfäuer vor Dialäktik säuber iz Liecht z rücke, aber das cha eigetlech e kene. Dä Fäuer kennt ja nid emau der Marxischt.

Was isch das fürne Fäuer? Mache mer es Gedankeexperimänt! Die Tasse hie isch genau denn d Totalität, wenn sie aues angeren isch, aus sie isch. Denn isch si sech säuber, wiu si e Tassen isch, u si isch nid sech säuber, wiu si ds Totalen isch. Si cha nume denn aues angere si, wesi zeersch sech säuber isch, süsch wär sie nid emau

94

nüüt. Sie mues öppis si u darf nid nüüt si. Nume das, was nid nüüt isch, cha gliichgsetzt werde mit auem angere. D Dialäktik, so wi se der Hegu u schpeeter der Marx ufgfasst hei, erhäbt jede Gägeschtang, jede materieu u jede geischtig i Rang vor Totalität. Zeersch isch öppis sich säuber, denn automatisch ischs aues angere, u denn wird beides zäme zur Totalität, u nume wege dere cha ds öppis ds öppis si. I chume de schpeeter nomau uf die Dänkbewegig zrügg.

D Urtotalität isch z Universum oder Gott oder beides zäme. Hegu u Marx hei behouptet, dass me d Dialäktik aus e Simmetrieoperation uffasse müessi u chönni, dass me se ungeachtet, uf was me se awändet, unveränderet awände müessi u chönni, dass der Charakter vom Totale i jedem Gägeschtang nachgwiese si müessi, süsch siger ni. Das bedütet aber, dass aues sini eigeti Widerlegig mit umfasst. Ds Universum, zum Bischpiu, isch geng nume en Innesicht uf sech säuber, muess aber zwangsläufig o ne Ussesicht enthaute, die aber cha nid si, solange ds Universum sich säuber isch. Dasch en Aporie. U dasch Dialäktik. Aber wer dä Trick nid kennt, verschteit nüt.

Da gits aber äbe e Dänkfäuer. Mini Tasse het offebar d Totalität zsi, wosi doch nume genau sech säuber isch. We si isch. Wurum wei mer se de aus Totalität gsee? Wiu mer se aus öppis wei uffasse, wonis Aumacht git. Wiu, mir si nid ir Laag, e Tasse nume aus Tasse z definiere, mir werde nis nie chönne beschränke. Das het mit dr Referenz u der Extension z tüe, zwöi Problem ir Philosophie, wo no schwieriger si fürne Laie. Da drüber hei Lüt wie

95

dr Frege, dr Russell, dr Carnap, dr Quine nachedänkt u no angeri.

D Beschtimmig vor Tasse aus Tasse funktioniert ni. Indäm mer aues angere mit iibezie, eliminiere mer dä Fäuer, aber ebe nid esoo, dass ize d Tasse aues isch, ds Universum, Gott. Sondern äbe dialäktisch. D Tasse wird zur Tasse, indäm mer aues angere vore abtrenne u erchenne, dass di Dänkbewegig no zur Tasse ghört, was is zeigt, dass d Tasse einersits nume d Tassen isch, die i minere Hang, angersits isch sie aber aues innerhaub vo dere Dänkbewegig u gwüssermasse d Totalität vom Ougeblick. Sie cha nume sich säuber werde, wemer o aues angere no isen iibezie. Di Dänkbewegig, d Tasse z erfasse, isch auso eigtlech eersch mini Tasse. U nume ds Insgesamt vo auem däm isch d Sach säuber.

Mit däm Trick wirdeni aumächtig. Es chami kene me widerlege, wiu i d Widerlegig scho vorewäg gnoo ha. We nig mini Gägner cha druf verpflichte, dass d Dialäktik, genau wie di logischi Waarheit, sogenannt transitiv isch, me cha o säge, wiu si es simmetrischs Verfaaren isch, chani iim i Zuekunft jedes Argumänt us der Hang nää. Er isch auso i Zuekunft füdleblutt. I säuber ni. Das isch Aumacht.

Was heisst hie transitiv? Dass das, was für d Totalität giut, für jede Gägeschtang giut u umgekeert. Das si schwierigi Verhäutnis. Me chase meischtens emene Debattant nid ufzeige. Drum gwinnt di marxistischi Dialäktik meischtens. Mit däm Trick het dr Marxismus d Wäut im Innerschte scho zerschtöört u isch zur absolute

Macht worde. Er isch sogenannt *kritisch*, was bedütet, dass er sini Methode o uf sich säuber aawändet, was wider nume s Gliiche isch wie Simmetrie.

Aber isch das aues o *waar*? E Tasse isch ja nume denn e Tasse, wenn si nüüt vom angeren isch. Das hei mer scho gseit. Dä Schritt aber ischs Gägeteu vom dialäktische Schema. Ergo isch dises fautsch. D Dialektik ischs transitiv schlüssige, drmit waare Dänke, aber nid vom Waare, sondern vom Fautsche! Sie isch im Grund d Logik vom Fautsche! U zwar vom Gengfautsche. Me het o gseit, d Dialäktik beschtöng ir Elimination vom Satz vom Widerspruch, emene Eggpfiler vor Logik u drmit vor Waarheit. D Dialäktik beschteit ir Elimination vom Prinzip Waarheit us dr Rächnig.

Liebi Lüt, sit nid truurig, we der das hie nid verschtööt! Di meischte Marxischte verschtöös o ni, sie chöi aber d Metoode aawände. So wi eine cha e Computer bediene, wo dr Computer überhoupt nid verschteit. Der Marxismus verchouft sech gern aus wüsseschaftlech. Marxistischi Theorie behoupte, si sigi wüsseschaftlech. Die angere Theorie, die vo de Nidlingge, di sige unwüsseschaftlech oder Verschwörigstheorie. Dasch der nöisch Begriff, wo d Marxischte erfunge hei.

Schtimmts würklech? Jedi Sach enthautet ire eiget Widerschpruch. Das tönt zeersch no wüsseschaftlech. Doch isch ir Wüsseschaft nid das gmeint. Gmeint isch ir Wüsseschaft mit em Widersprüchleche nid das, was d Sach nid isch, sondern, dass es se gar nid git!

Ir Wüsseschaft heissts, es gäuti A oder Nid-A. Ds Oder usschliesslech verschtange, nid iischliesslech. Es heisst dert nid: $A = (A \ oder \ Nid\text{-}A)$ wie ir Dialäktik. Der Marxismus meint mit Widerschpruch e dialäktische Widerspruch, nid dr logisch Widerschpruch wi ir Wüsseschaft. Er gseet aues aus Totalität, d Wüsseschaft aber, wo o seit, mir stängi dem gegenüber, womer nid wüsse u was üsem Wüsse widerschprächi, meint öppis angers drmit, si meints empirisch und/oder logisch, dass mer noni aues wüsse u üses Wüsse drum sträng gnoo Unwüsse sig. Das isch öppis angersch aus was dr Marxismus Wüsseschaftlechkeit nennt. Er isch äbe e ke Wüsseschaft, er gseet nume dernaa us, weme nid z genau hereluegt, u luege mer genau here, isch er d Wüsseschaft vom Fautsche. D Positivischte heis gmerkt gha, drum heisi mit de Marxischte gschtritte i de Sächzgerjaar, aber wi radikau das stimmt, isch bis hüt nid offegleit worde.

A dere Schwirikeit wird üsi Zivilisation am Ändi kabutt gaa, das isch für mi sunneklar, es louft zwangsläufig ab. Si chunnt nid ache wägem schlächte Wirtschafte oder wege schlächter Politik, wäge geischtiger Verarmig, sie chunnt ache am Dänkfäuer vor marxistische Sicht uf d Wäut. Di marxistischi Wäutsicht isch für aui Mönsche zwingend, aui Mönsche werde vo dere Metoode kassiert, früecher oder schpeeter, es isch numen e Fraag vor Zit.

I dr Würklechkeit gseet aues angers us, eifacher, schiinbar eifacher. Politiker si ke Theoretiker, wo enere Sach uf e Grund göö, umse z verschtaa. Es si Mönsche, wo usemene Vergliich, usere Müglechkeit e Handlig ableite. Wi sinerzit der Bobby Kennedy, woner d Armeviertu

98

bsuecht het. Er het gseit: Mir gäbe so viu uus für Waffe, üses BSP isch so gross, aber mir schaffes ni, so u so viu Milliarde i di Armegebiet z verschiebe, um Jobs für di Mönsche z schaffe! Lööt is das doch mache! Bobby Kennedy het nid gseit, die Arme si säuber tschuud, drum si gesi eländ, wie das e Neoliberalischt würd säge. Kennedy het o nid gseit, di kapitalistischi Gseuschaft sigi tschuud, wie das di Lingge säge. Der Bobby het sech nid chönne vorschteue, dass ir Politik d Umsetzig vonere Theorii öppis chönnti verbessere, er het nume gwüsst, dass Jobs zunere Verbesserig füere, dass me inveschtiere mues, weme wott Jobs aabiete chönne. Dä chliini Ungerschiid zeigt, dass d Linggs-Rächts-Debatte en Irrwäg isch. Beidi Site göö dervo us, dass d Umsetzig vo irem Programm e Verbesserig bringi. Aber d Löösig chunnt ersch mit em Gäut, wo inveschtiert wird u mit dr Arbeit, wo di Arme de müesse säuber leischte, weme ne e Job cha aabiete. Würd me d Politik de Theoretiker überlaa, brächi aues zäme. Linggi Aalige chöi nid dür linggi Programm glöst werde! Nume dür rächti. Doch gegenüber em Marxismus chame rächti Programm nid rächtfertige, wiu si unwüsseschaftlech usgsee u drum weniger Ungerstützer hei, aus sie müesste ha. Drum setze sech letschtlech geng linggi Tendänze düre, u di Rächte mache nie öppis angerschs, aus der Kollaps usezögere. Grad dä wär aber d Vorussezzig für e Kommunismus, wo de aber när o nid funktioniert.

Es isch haut ändloos

Luege mer nomau, was der Hegu gemeint het, wenn er vor Dialäktik schribt. Zeersch gäbs geng a sogenannt verschtändigi Sezzig, öppis Ändlechs, e Position. Der Verstang sezzi öppis aus „seiend". Zum Bischpiu A. Unmittubar drufache negieri aber d Vernunft di Sezzig, wo si aus eisitig erchennt. Derbi chunnts zure sogenannte Ufhäbig. Ds Gsezzte wird nid öppe glöscht, sondern mit sim Gägeteu überschribe, überlaageret, ufghobe. Es isch geng no da, aber nume no zäme mit sim Gägeteu. Das nennt der Hegu ds dialäktische Momänt vor negative Vernunft. Chuum isch das passiert, erkennt aber d Vernunft di Ufghobeheit vom Gsezzte, vom Negierte u sim Gägeteu u fasst das aues aus es nöis Ganzes, äbe aus das, won i vorhär geng d Totalität gnennt ha. I dere isch aues ufghobe, wo bishär passiert isch, d Sezzig, d Negierig dervo, ds Gägeteu, wo ufschiint u d Zämefassig vo auem. Der Hegu seit dem die positivi (setzendi) Spekulation vor Vernunft. Me chönnt o säge, das isch d Mechanik vom Ougeblick. Das verwiist de wider uf mini eigete Arbeite zum Problem vomene chünschtleche Bewusstsii, woni im *Mr. Data und das Braitenberg-Universum* ha zämetreit. Das löö mer hie wäg, isch besser.

Dr Ängus het gseit, dass mc dervo usgöngi, dass das aues nume i üsem Chopf passieri, dass auso aui die Begriff u Vorgäng nume abbiudi, was dusse ir materieue Wäut würklech passieri. Nid öppe umgekeert, wi bim Hegu, wo au das nid uf würklechi Ding zrügggeit, sondern die

100

eersch zu däm macht, wo si si: würklech. Der Hegu geit vom Dänke nid im Chopf us, setzt auso d Wäut nid eifach voruus, sondern geit vom Dänke aus em Ort us, wo d Wäut eersch entschteit, zu dere de o no der Chopf ghört u me de schpeeter cha säge, dass dä das dänki. Marx und Ängus mache eifach e Schprung, wie aui, wo nid würklech verschtöö, was Erchenntnstheorie si, indäm si naiv vorussezze, dass das, was dänkt, der Chopf sig. Das isch e Aanaam, wo dür nüüt cha bewise werde, nid emau dür d Chöpfig vom Philosoph! Doch si genau das d Schwirikeite vor Philosophie. Der gewöönlech Mönsch checket das ni. Marx u Ängus heis o nid begriffe u si warschinlech di eerschte gsi, wo dä typisch modern Dänkfäuer gmacht hei, dä Churzschluss.

Was der Hegu mit Dialäktik meint u beschribt, isch im Grund das, woni i mim Buech *Mr Data und das Braitenberg-Universum* ds *Kaleidonproblem* gnennt ha. I ha, nachdäm i aus Jüngling der eerscht Teu vom Parmenidesdialog vom Plato gläse ha, en eigete Dialog geschribe, wo e Gfangene emene Tirann in Syrakus mues erkläre, wie d Wäut funktioniert, wenn er wöui, dass ne der Tirann freilaat. Dä Tirann hani Kaleidon gennt. I däm Dialog hani öppe Fougendes erklärt:

Zeersch gits e Sezzig im Nidemaunüt: A. Doch de, um A sezzte z chönne, bruuchts gliichzitig d Sezzig vo Nid-A drumume. Auso chani nid A sezze ooni Nid-A z sezze. Doch drmit isch A u Nid-A gseszt, auso es Dritts, wo aues zämen isch. Doch chani eigetlech gar nüt sezze, wiu A sech säuber mues sezze im Nidemaunüt. U o Nid-A mues sech säuber sezze. Doch was sezzt de überhoupt

101

öppis, we nid ig? Es sezzt sech aues säuber! Aui Sache sezze sech säuber, aber es gseet us, aus würd ig se sezze, was ummüglech isch. We igs nid bi, sondern d Sach säuber, de mues es beides gliichzitig u paralleu gää, d Sezzige u mini Sezzige, wos nid cha gää, so wis d Sezzige, wo sech säuber sezze nid cha gää, ooni dass ig se gsezzt ha, wiu si eersch drum bewusst werde chöi. Aues mues auso gliichzitig si, ds Objekt u ds Subjekt, beides zäme u ds Einte dür z Angere u umgekeert. Aber i was inne? Im Abgrund. Im Nidemaunüüt.

I ha dä ganz Sachverhaut aus Jüngling d *Archethese* gnennt, d Urthese, d Ursezzig. Der Hegu het eigetlech genau z Gliiche gseit gha, das hani denn aber noni kennt. I has neu erfunge, usem Nüüt, nume dür dänke. Bi denn öppe achzäni gsi. Has ufgschribe ir Form vomene Dialog.

Was bi au däm sicher fautsch isch, isch daas, was der Ängus drus gmacht het, dass er seit, aus das passieri im Chopf vom Mönsch. Denn dä Schritt sezzt wider e naivi Realitität voruus, sezzt voruus, das aues scho gloffen isch, wes doch eersch afangt loufe. Er het nid gsee, wie grundsätzlech der Hegu dänkt! Doch ufene Art stimmt das äben o, denn was afangt loufe, sezzt voruus, dass es scho gloffen isch. Numen äbe nid inere naive Realität, sondern i däm, wo der Hegu Dialäktik gnennt het - un ig d Archethese. Marx u Ängus hei nid gsee, was d Position vom Hegu isch, dass dä überem Abgrund hocket u nid a sim Puut. Wiu si das verpasst hei, chöi si de schpeeter mit irere eigete Dialäktik e kes erchenntniskritischs Problem me lööse. U wiu nünenünzg vo hundert

102

Mönsche so tigge wie Marx u Ängus, chunnt zum Bisch-
piu o di chünschtlechi Intelligänz nid witer. Der Aasatz i
mim Buech, woni obe gnennt ha, geit wit, wit drüber use,
was hüt uf däm Gebiet dänkt wird!

Zum Schluss wott i no uf das igaa, wo me augemein aus
di grossi Auternative gseet, nämlech d Religion vo Gott.

We de gloubsch, dür Erchenne chönne usezfinge, was
Gott wott und wi Gott tigged, wi ds Universum funkti-
oniert, de isch das us dogmatischer Sicht en Irrwäg. De
bisch das, was me e Gnostiker nennt. Merkwürdigerwiis
bisch e Gnostiker, auso eine, wo uf d Erchenntnis bout,
wenn de sogenannt agnostisch bisch u nid de Offebaa-
rige fougsch. Scho no komisch!

We de meinsch, du chönnisch aues fertig erfasse u fasse,
de bruchsch eso öppis wi Gott, um aues drmit abz-
schliesse. Aber dä Gott isch nid dr Gott, wo ir Bible per-
sonalisiert isch, wo zu de Propheete gredt het u der Vater
vo Jesus sigi, nid dä Gott, nach däm sim Biud mir
gschaffe worde sige vonim, vo däm mir üs aber trozdäm
e kes Biud dörfe mache. Dä Gott, wo du i dim Wäutge-
bäude isezzisch isch e Philosophegott, dr Gott, wos
bruucht, um aues mit sich säuber z versigle.

Der dogmatisch Gläubig wird das vo sech wiise, wird be-
strite, das me dür eigets Nachedänke ds Rätsu vo auem
lööse cha. Er redt vor Gnaad u vor Offebaarig, wos
bruuchi, um das z voubringe. Das isch der Trick vo de
Hebräer gsi, d Erchenntnis historisch ufzfasse aus d

103

Erchenntnis von es paar us irem Vouk, dene si Propheete gseit hei.

Dr Propheet seit, dür iin düre redi Gott zu de Mönsche. Wer ne fragt, ob er di Reed nid säuber erfunge heig, däm wird er säge, das z gloube sig Abfau vo Gott, sig Gottesläschterig, sig vom Tüüfu. U so het sech ir Offebaarigsreligion e Zirkuschluss etabliert, ooni däs e ke Offebaarig gub.

Irgendwo här mues de gwöönleche Hebräer klar worde si, wär vone e Propheet isch u wär ni. Das chöi si aber nume ad hoc a däm ermesse ha, was sech historisch düregesetzt het, aus Usdruck vor Realität u drmit vor Macht. Dä Gotteszirku cha me nume ufgrund vor Macht etabliere. D Macht chunnt auso hie no vorem Gott u nid vo Gott, das wird de nächär eifach bhouptet.

Doch es gäbi, hei sie gseit, en Erweckig, es Erläbnis, e plötzlechi Iisicht, nach dene me i däm Zirku drinne sig. Weme nämlech dä Gott, wo e Teeu isch vom Zirku, aus es Schautchreiselemänt erläbt, wo geng nume wägg vom Dänkziu u zrügg id Prämisse füert, wo ggää si, so entschteit der Aaschiin, aues das sigi reau. Das Schautchreiselemänt isch gwüssermasse e Wandler, wo jede müglech Input ine Output verwandlet, wome scho aus eine vo de Inputs kennt. Däm Wandler seit me Gott.

We me nid ufpasst und us däm fataale Chreis usträtet, isch me für aui Zit verdammt, drinne z blibe. Me gloubt de, aues z wüsse, wege däm Wandler, däm me Gott seit, oder wie d Muslime säge, wäge öppis, wo geng noch grösser isch als du meinsch, geng no findiger, no schlauer, no besser, no aumächtiger aus aues, wo de dir chasch vorschteue. Gott isch grösser, säge si.

I däm Wandler erfougt so öppis wine Modalschprung, us der Analytik vo dr Härleitig vo öppis id Empirii vom Ggäbene, wo derdür zum Axioom wird. Dä Modalschprung mache mir geng, wemer plötzlich öppis begriiffe. Gott isch der Aubegriff, isch das, was begriifft, wemer begriiffe.

Dä Schrpung isch aber eigetlech nume ds Gheimnis vom Bewusstsii. Dä Schprung i üs säuber z erfaare, isch öppis angersch, aus ne i Gott z erfaare. Erfaare mir ne i üs säuber, erlöst er is nid, chöi mer üse Tod nid begriiffe.

We dä Schprung aber i Gott passiert, denn simer erlöst, hei aber ds Problem vor Sinnschtiftig paternalisiert oder maternalisiert. Gott wirds richte, wemer a sini Offebaarig gloube, wemer auso entschide hei, wär e Propheet isch u wär ni, so wüsse mer für nach em Tod aues, was mer müesse wüsse, meine mer.

Es bedütet, dass d Dialäktik ds Wunger vom Dänken isch. Entweder isch d Dialektik läär wie im Marxismus, oder si isch vou, wi ir Religion, doch isch si ir Schtruktur geng glich, es isch dr Trick, wi me zu abschliessende Erchenntnisse chunnt, ooni öppis z Änd müesse z dänke, eifach nume dürne Modalschprung.

Drmit dä Trick funktioniert, müesse mer geng maximau gross dänke, im Universale, i Gott, im Nüt, im Totale. Mir zale der Priis vo däm Trick geng zum voruus, we mir is entscheide, nume esoo z dänke, dass öppis geng nume drum waar isch, wius fautsch isch im logische Sinn. Ums vor auem angere Fautsche aber z ungerscheide, mues es geng im Totale drinne blibe, drmits jensits dervoo e kes Dänke me cha gää. Es isch de zwar geng fautsch, aber wius nume *waar* isch, wes fautsch isch.

Warschinlech heit der nüüt begriffe. Aber dir müesst nid truurig si derwäge. Dir ghöret zur Meerheit vor Mönschheit, wärs angersch, müsste mer nid rede. Mir müesse nume rede, wiu fasch e kene öppis begriifft. U ja, o wenn i gredt ha, begriifft me nüüt, aber wenigschtens cha me de säge, i heigis nid guet erklärt u es gäb no Hoffnig, dass es en angere besser machi. Das wird zwar nid der Fau si, aber d Hoffnig schtirbt z letscht.

Hoffe mer auso, d Claire chunnt no. Die Frou, woni hätt söue hürate, abers nid gschafft ha. Hätti se ghürate, hätti mer is das Gschpräch hie chönne schänke. I hätt mi Sinn im Läbe gha u hätt nüm müesse philosophiere.

Da söu no eine drus choo

Es isch e schöne, warme Namittag gsi, wo mer d Claire agglütte het. Mis Nummero het si vor Ursle gha. Di het ere gseit, i sig uf dr Hingeregg gsi. Hallo duu, het si tönt. E warmi, feschti Schtimm, me hets gad gmerkt, das si e Person worden isch, öpper mitnere Gschicht, wo verpflichtet. Hoi Claire, hani ggantwortet.

Mir hei nis lang ungerhaute, über mis u ires Läbe, über d Realitäte. Es isch ernüechternd gsi. Em Änd isch si de wider d Caire gsi un ig wider dr Adi. Sii isch wider fürecho, di Unsicheri, di Tüchtegi, u ds Lischple isch zrügg gsi, si hets säuber gmerkt. Ig o, i bi dä gsi vo früecher, dä wo wett, aber nid cha, wo wartet ufne Entscheidig, wo niemer cha fäue, usser i säuber.

Claire, iz simer wider di Gliiche, hani gmeint zunere. Jaa, het si gseit u gschwige. Was wosch, het si gseit, es wär nid guet gsi, hätte mer is überchoo. Esoo wi daas denn isch gsi. Jaa, hani gantwortet - u läär gschlükkt. Isch trozdäm truurig, hani gseit, Claire. Jaa, het si ggantwortet u gschwige. Wärsch hie, würd di küsse, sägeni zunere. Bisch e Gloon, schmout si u schwigt. Träffe mer is? Hägä, seit si, das chääm ni guet. Bisch geng no di Vernümftigi, meini derzue. Eine mues es sii, antwortet si, emu duu bisch es ni. Jaa, Claire, hesch rächt. Würd di gärn iz küsse, di id Aarme nää u nis beidi gschpüre derbii.

Si schwigt. I schwigen oo. Chumm doch mau uf Kanada, seit si de zuemer. Zu dir? Es het mi überrascht. De

107

gseesch, seit si, wär i bi u od Familie, dänke, s wär guet. Hm, brummen i, isch daas di Ärnscht? Jaa, es wär e Chance für beidi. I schwige, was meint si drmit? Gits e Chance?

Si het de näär wöue fertimache, i has gmerkt u bi wi gläämt gsi. Das het si de o gmerkt u het sech zrügggno. Nach nere Schwigeminutte het si de doch Schluss gmacht u gseit, si wünschi mer aues Guete. De het si grännet, i has ghört, briegget het si, un ig oo, d Trääne si nis beide achegloffe. Üsi Schtimme hei zitteret. Claire, mir gsee nis nümm i däm Läbe. Bisch mi Liebschti, wünsche der z Beschte, gäu, machs guet!

D Claire het uf das ache ufgleit, het nüm chönne rede.

Söu das z Läbe sii, hani mi de gfragt. Si mir so tumm? Söu i iz ines Flugzüüg nach Halifax schtige? Was isch ize?

D Fraage si unbeantwortet blibe. Em Tag druuf het mi d Claire nomau kontaktiert, über Whatsapp, het gschribe: Adi, bisch mi Schatz gsi einisch. Hesch mi la hocke. Hesch entschide gha. Uf waas wartisch ize? Chume nid druus -

Hare gantwortet, i chäm o nid druus. Us mir.

Schpeeter schickt si mer es Foto vorc mit irere Familie z Kanada. Bisch wiukome, het si drunger gschribe. Aber nume wede drus chunnsch, Adi, us dir. I wotts nid nomau erläbe. Hesch mer seer wee gmacht denn. Wede chunnsch, de muesch sicher sii.

108

Bi de näär i Flüger nach Halifax.